世界一の職人が教える「世渡り力」「仕事」「成功」の発想

学校の勉強だけではメシは食えない!

岡野雅行 Okano Masayuki

こう書房

まえがき……もっとはみ出して、人がやらないことをしよう！

the most important things for your life

◎一番大切な「世渡り」のキホン

一見恵まれているように見える今の若いやつらは、実は大変なのかもしれないな。テレビをつければ、リストラだの不景気だの、社保庁の年金の杜撰《ずさん》な管理だの、勝ち組負け組だの、暗いニュースばっかりだろう。そして、親からは「勉強しろ。安定した仕事につけ」って言われる。俺から言わせたら、なんでサラリーマンや公務員《こうむいん》になるために大学に行くんだ？と。官僚《かんりょう》やキャリアになるために東大に行きたい…なんでそれが目的なのか、俺にはまったくわからないよ。そんなことだから社会がいつまでたっても元気にならない。

これからは、自分のやりたいことを早めに見つけたほうがいいよ。青春時代をつまらないことにつぎ込んでいたら、時間の無駄だよ。**安定か不安定かで仕事を選ぶより、まずは自分が本当にやりたいことを見つけるんだ。**

いちばん大事なことは世渡《よわた》り力を勉強することだ。

断わっておくが、世渡りというと、要領がいいとか、ごますりとかいった印象を持つ人が多いが、実はそうじゃないんだ。昔は隣近所の人たちが生きる知恵をいっぱい教えてくれた。俺で言えば、玉の井のお姐《ねい》さん、お兄さん、落語家の卵、芸術家などがそうだ。

今も決して忘れない言葉がある。**「何か人にしてもらったら、四回はお礼を言いなさい」**という言葉だ。例えば、食事をごちそうになったら、食べ終わったあとに「ごちそうさま」、翌日に「昨日はごちそうさま」、そして、次の週になったら、「先週はごちそうさま」、そして、次の月になったら「先月はごちそうさま」と四回お礼を言いなさいと。

そこから人情の機微《きび》、世の中の約束事を学んだものだよ。

今どき、「義理《ぎり》と人情《にんじょう》」なんて言うと、古いと勘違《かんちが》いする人がいるけど、俺から言わせたら、本当はとてつもなく深い言葉なんだ。

今の若者はその感覚がまったくわからなかったりする。困ったものだ。そんなやつは、サラリーマンになったってろくに出世もしないし、人からも信用されないぞ。よく覚えておくといい。

人間には俺に言わせると、「利口《りこう》な人間」と「頭のいい人間」の二種類がいるんだ。頭のいいやつは学校の勉強はできるけど、世渡りはヘタだな。利口なやつは世渡りが上手《うま》くて、なにかと応用がきくやつをさすんだ。「あの、あの、えーとえーと」なんて言っているやつはだいたいが頭が悪い。

利口なやつは、どんなときにもアイデアがあるやつだよ。これは学歴じゃない。そのアイデアマンに共通することは、世の中でいろいろ遊んできて、いろんな失敗をした経験が最後にはものを言うんだ。失敗すればなんだって上手《うま》くなる。仕事上手な人はうんと失敗をしてきている。それを糧《かて》に二度と同じ失敗をしなくなる。言っちゃなんだけど、失敗しないやつはなんにも出来ないよ。

◎常識的なことだけやっていても成功しない

俺はサラリーマンじゃないから、仕事を教えてくれる先輩もいなかった。昔かたぎの職人のおやじも手取り足とり教えてくれない。技術は盗むもの、見て覚えるものという考えだった。それでも俺が失敗すると、容赦《ようしゃ》なく罵声《ばせい》がとんでくる。仕方なく、あれこれ工夫しながら乗り切ってきた。その経験があるから、「なんとかなるという」気持ちがあるんだな、何事にも。失敗しないように生きてきた優等生にはそういう経験がないから、ちょっと風邪をひいたくらいですぐ倒れちゃう。こっちはばい菌だらけの中を生きてきて、それこそ生きる免疫力《めんえきりょく》がハンパじゃないんだよ。

失敗しないために、あれを覚えろ、これも暗記しろで、はみ出しを認めない。**社会に出たら、わざとはみ出して、人のやらないことをやらなきゃ、成功できないよ。**常識的なことだけやっていたら、とっくにつぶされていたと思う。

俺が金型《かながた》を作るときは、図面を引かないよ。これはおやじのやり方だった。図面を引くと、そこに描かれたものはきちんとできるけど、図面以上のものはできないだろ。でも、設計図を頭の中でイメージすれば、発想は無限に広がる。即興《そっきょう》で変更することもできるし、最良のものもできるんだ。マニュアルも決められた答えもなく、すべて自分の力でゴールにたどり着く。そうした未開拓《みかいたく》の道こそ、独自の技術を開発する方法なんだよ。言葉を変えれば、常識に逆《さか》らうというよりも、俺にとってはこのほうが自然なんだ。モノづくりの基本は、俺の好きなジャズと一緒で（みんな俺を演歌好きと勘違いしてるけど）、アドリブで演奏しながらいかにイマジネーションをふくらませていくかが勝負なんだ。それなのに、図面を引いたらその図面に縛《しば》られて、そこから外に出られなくなる。

注射針《ちゅうしゃばり》だって、パイプから作るものという常識にとらわれたら一生たどり着けなかった。パイプを引き伸ばしてできないのなら、薄い金属板を丸めて注射針にすればいい、俺は瞬時に判断した。「絶対不可能だ」という周囲の声もなんのその、半年後には試作品を完成し、２００５年には量産する技術を確立した。もともと他人と同じことをすることをよしとしない性分《しょうぶん》なんだよ。

◎自己開拓しよう

これからは、右にならえじゃ生きていけないよ。農耕民族の日本人はどういうわけか周《まわ》りと同じようなことをする。隣の家が車を買えば、自分も買う。だけど、これからの仕事はこれじゃ通用しないと思う。人が歩いたあとにはそれこそぺんぺん草も生えていない。絶えず自己開拓《かいたく》できる人間でなければ、狩猟《しゅりょう》民族の欧米人に食われちゃう。

だから、「何をやったらいいかわからない」というキミも、周りと同じことをしていては、世間では通用しないということをまず肝《きも》に銘《めい》じよう。自分が好きなこと、やりたいことを選ぶんだ。やり始めたら愚直《ぐちょく》にあきらめないで、する。ゴルフやパチンコで息抜きにするやつは、仕事が楽しくないやつがすることだ。そんなのは切って捨ててしまえ。俺だったら、そんなことをする時間があったら1分でも長く旋盤《せんばん》の前に立っていたい。俺の心が一番休まるのは仕事場なんだよ。人間、誰だって好きなもの、やりたいものはあるはずだ。大学に入るのもいいけど、会社に入って先輩の言うことを聞くのも大事だけど、とどのつまり、人から押し付けられたことしかしないやつは、いつまでたっても、変わらない。**自分を見つけるために、もっとはみ出してもいいんだよ。**一度きりの人生に挑戦しないで、生きてる甲斐《かい》がないじゃないか。俺は今でも、ノーベル賞をとる夢を持っている。

この本では、そんな破天荒《はてんこう》な俺の考え方を書いてみた。少しは参考になれば俺も本を書いた甲斐《かい》があるぜ。**「自分の人生を自分が生きないで誰が生きてくれる」**。みんながんばっていこう。そんな君たちを応援するぜ、74歳の俺が。

岡野雅行

もくじ

学校の勉強だけではメシは食えない！

―世界一の職人が教える「世渡り力」「仕事」「成功」の発想―

contents

the most important things for your life

まえがき…もっとはみ出して、人がやらないことをしよう！……… 1

1章「人間関係のカラクリ」がわからないキミたちへ！

the most important things at communicating with others

Question 1
人間関係で一番大切なことって何ですか？……… 19
◎一番大切なのは義理・人情。井戸を掘ってくれた人を忘れるな

Question 2
周りから認めてもらえない……… 23
◎言葉の種類は多いほどいい。落語を聞くことからはじめるんだ

Question 3
特技がないです……… 30
◎何だっていい。人が集まる特技を持て

Question 4
世渡りって、どこで学ぶの？……… 34
◎玉の井で学んだ「世渡り力」。そのおかげで今の俺があるんだ

もくじ

Q5 Question
自分の情報を人に渡したくない……40
◎仕事というのは情報が決め手。情報が入ってくる人になれ

Q6 Question
大手企業に入って、元恋人を見返したい……46
◎大企業の看板をとっぱらって、裸になったときにその人の価値が見える

2章 「自分の夢のかなえ方」がわからないキミたちへ！

the most important things at making your dreams come true

Q7 Question
安定志向の僕ですが、独立希望の友人がうらやましい……51
◎安定なんて求めるな。やりたいことを見つけるんだ

Q8 Question
やりたいことが見つからないのですが……55
◎いろいろなことを吸収して、それを夢につなげるんだ

Q9 Question
海外留学したいのに親に反対された……60
◎若いころ海外に行くと、イエス・ノーがはっきり言える人間になれる

Question 10
兄とは違うことをしたい……63
◎納得できないのなら、現状維持なんてする必要はない

Question 11
学歴がない……68
◎学歴がないことを、自分の強みにするといい

3章「どんな仕事についたらよいか」がわからないキミたちへ！

the most important things at getting jobs

Question 12
そこそこの会社に入りたいのですが……73
◎サラリーマンになるんだったら、独立を視野に入れるんだ

Question 13
給料もやっぱり大切じゃない？……77
◎目の前の仕事に集中しろ。お金はあとから追いかけてくる

Question 14
脚光を浴びる仕事がしたい……81
◎安くて人がやらない仕事も、頭を使えば儲けにつながる

Q15 Question
技術を学ぶためには修行が必要でしょうか？……84
◎チャンスはどこにでも転がっている。アルバイト先も技術を学ぶ職場なんだ

Q16 Question
ズバリ、仕事って面白いですか？……88
◎誰も助けられない人でも、俺なら助けることができる

Q17 Question
お金は、どういうふうに使うもの？……94
◎周りの人間を満足させられるかどうか。そんなところにも成功の鍵が落ちている

Q18 Question
就職するならやっぱりハイテク企業でしょう……98
◎ハイテクがすごいなんて言うなよ。さらにすごいのはローテクなんだから

Q19 Question
「雑貨」を作ることが、どうして大切なの？……102
◎最先端のものばかり追いかけていると、基本的なものが作れなくなってくる

Q20 Question
会社を立ち上げたい。そして大きくしたい！……106
◎6人という小ささを維持するのは、会社を大きくするよりも大変だ

Q21 Question 一生ヒラ社員で終わる場合もあるでしょ？　なにが違うの？……111
◎世の中のカラクリをよく知って、もっと自分に投資するんだ

4章 「成功するためのプラスα」がわからないキミたちへ！
the most important things to succeed

Q22 Question 失敗せずに成功したい……117
◎失敗がないということは、経験がないのと一緒だ

Q23 Question 研究のためのお金の使い方……120
◎研究に費やすお金と時間は、ケチったりしたらダメだ

Q24 Question 独立するために一つのことに秀でていればいいの？……127
◎ひとつの技術だけで独立できない。専門外のことも考えるんだ

Q25 Question 日本の技術って、世界的に見てどうなんですか？……130
◎日本の金型技術は世界一。ずっと継承してほしいねぇ

Q26 Question ローテクは海外に発注されちゃうんじゃないの？……133
◎ハイテクの時代はもう終わった。これからはローテクが熱くなるよ

Q27 Question 働くって、どういうこと？……136
◎働くということは、生活するということだ

Q28 Question なにかひとつだけでも発明したい……141
◎過去のものにしがみつくな。常に新しいものを追い求めるんだ

Q29 Question どうして「不可能」といわれていることが可能に？……147
◎ヒントになったのは、40年以上前に作った継ぎ目のない鈴だった

5章 「アイデアの出し方」がわからないキミたちへ！
the most important things to get great ideas

Q30 Question 自分の感情がわからない……153
◎理屈に合った話がどうか、考えてみればすぐわかるよ

Q31 Question
特許を取れる発明をしたい！……158
◎便利な世の中なんてよくない。機械に頼るとアイデアがしぼむぞ

Q32 Question
発想力を求めるためにできること……162
◎刺激はどこにでも落ちている。どんなことからも吸収できる

Q33 Question
モノづくりについて教えてください……166
◎モノづくりはジャズと同じ。想像力を働かせてアドリブをきかせる

Q34 Question
勉強が嫌いだ！……171
◎勉強なんてできなくていい。俺だって勉強は大嫌いだった

Q35 Question
学校の勉強を一生懸命がんばればいいの？……176
◎どんなにがんばって暗記しても、学校の勉強でメシは食えない

6章「人生の壁の乗り越え方」がわからないキミたちへ！

the most important things to get over difficulties

企画協力　小村昌弘
編集協力　岩下賢作・大石美穂
カバー・本文写真　キッチンミノル
本文レイアウト・カバーデザイン　EBranch

1章

「人間関係のカラクリ」がわからないキミたちへ!

the most important things at communicating with others

Q1 Question
the most important thing for one's life

◎人間関係で一番大切なことって何ですか？

バイト先に、とても人気のある人がいます。彼女は男女ともに好かれていて、いつも楽しそうに働いています。私も彼女みたいに、みんなに囲まれるような人間になりたい。だけど、認めるのは辛《つら》いのですが、私の周《まわ》りにはあまり人がいません。私から連絡を取ったりするのが面倒って理由もあるのですが、久しぶりに遊ぶ約束をしようとしても、断られることが多いです。人間関係を作る、もしくは維持する上で、大切なことって何ですか？

一番大切なのは義理・人情
井戸を掘ってくれた人を忘れるな

◎俺は本当に運の強い男

俺のところも、人がたくさん集まる場所なんだろうな。まぁ、俺がいつも心がけていることを話させてくれ。俺の場合は運もあるんだろうけれど、**運っていうものは、結局は縁が運んできてくれるものだと思っているんだ。運と縁は切っても切れないんだよ。**

いったん手に入れると、人間の運勢って本当にすごいと思うよ。なにしろ戦争の時代、みんな食うや食わずだったけど、俺んところは親父がしっかりしていたから、子ども時代の俺は代用食《だいようしょく》（米や麦などの主食の代わりに用いる麺類やイモ類などの食品）を食ったことがなかった。戦争中でも毎日銀シャリ（白米の飯）だったよ。この間も、大腸の憩室《けいしつ》がいきなり破裂して緊急手術したんだけど、どうやらあとちょっとでも遅かったらまずかったって、医者にいわれた。日ごろからかかりつけの医者へ行ってくれと、救急隊員に言ったのがよかったらしい。俺は運が強いとつくづく思ったよ。

考えてみると、俺は今までいいところばっかり走ってきたと思う。仕事でも何でもすごく恵まれてきた。だから、俺より腕も頭も良くていいものをつくれる人は世の中にはいっぱいいるんだけど、なんでだか俺のところばっかり取材やら視察やらが入るんだ。だけど、それも運なんだよな、きっと。本当に、自分は運がいいと思う。

不思議な縁があって、俺は生きているんだな。ほかにも、死にそうになったことがある。敗戦《はいせん》の翌年（1946年）、俺が小学5年生のとき、盲腸《もうちょう》にかかったんだ。いてぇいてぇと思いながらも、何日か我慢していたんだ。そうすると、とうとう起き上がることができなくなってしまった。親父がびっくりして、俺をリヤカーに乗せて病院へ連れて行った。

医者が言うには「盲腸ですが、腹膜炎《ふくまくえん》を起こしている。もう手遅れです。助かりません。お金もかかるし、このままあの世にいかせてあげたほうがいいんじゃないですか?」。今では信じられないけれど、敗戦直後はそういう時代だったんだ。

しかもこの年に預金封鎖《よきんふうさ》、新円切り替えがあった。国民はみんな、一定の金しか持っていない。だけど親父は言ったんだ。「失敗しても金がかかってもいいから、手術してやってくれ」と。おかげで俺は九死《きゅうし》に一生を得て助かった。痛かったけどな。

◎最初に井戸を掘ってくれた人を忘れるな

運がいいといえば、昔からお得意さんやなんか、みんなに可愛がられたよ。新しい取引先を探しているとき「俺が紹介してやる」っていわれて関係者に会わせてもらったりね。

前置きが長くなったが、**人間関係で何が一番大切だと思う? 俺はね、最後は義理人情なんだと思う。最初に井戸を掘ってくれた人を忘れちゃいけないんだよ。その恩を忘れるから、水が出なくなっちゃうんだ。**ちょっと羽振《はぶ》り(地位、勢力)がよくなると、昔のことを忘れる人っているだろ? 俺は昔のことは忘れないよ。いいことが起こるのも、そういうことがまわり回っているからかもしれない。

もしまわりに人がよってこないのなら、まず自分がつまらない顔をしていないか考えてみるんだ。人が寄りつかない人はたいてい「こっちに来るな」というオーラを出しているもんだ。まわりからかわいがられる人というものは、言葉ではうまく言えない要素を持っている。その人の人間性みたいなものかな。世渡り上手な人はそういうものをうまく表に出せるんだろう。

反対の悲しいこともある。ひとつのことに突出《としゅつ》すると、昔一緒にがんばってきた人が離れていってしまうことも経験するようになるんだ。まぁ、やきもちなんだろうけどさ、離れていくっていうのはもったいないよ。仲間が他のどんぐりから頭を出したとしても、今までどおり付き合わなくちゃ。**俺は自分から人との関係を切ったりしないよ。だって、こっちから切らなくても、自然の摂理《せつり》でいなくなってくんだから（笑）。わざわざ好き好んで人間関係を狭《せば》める必要なんてないだろう？**

それからね、付き合う人間もちゃんと見極《みきわ》めたほうがいい。俺の場合、痛くない注射針で俺の名前が知られるようになってからも、「知らない親戚」っていうのは増えなかったよ。よくいうだろ？　有名、金持ちになったとたんに、知らない親戚がどこからかいっぱい現れるって。

the most important thing for one's life Q2 Question

◎周りから認めてもらえない

大学生です。高校のころ、いじめっていうんじゃないんですけど、周りの人は僕のことを認めてくれないというか、仲間に入れてくれなかったりしました。それは僕がおとなしくて、あまり気の利《き》いたことも言えないからだと思います。大学生になって自分を変えようと思ったんですけど、相変わらず友達は、僕のことを本気で相手にしてくれません。だけど僕だって認められたい。どうすれば、周りから認めてもらえるようになりますか？

言葉の種類は多いほどいい 落語を聞くことからはじめるんだ

◎みんな声が小さすぎるよ

世の中は昔に比べてよくなっているんだろうね。だけど、人間の心は昔よりも暗くなっちゃった気がするな。言いたいことも言わないいし、声の大きいやつも少なくなった。

そう、今の子どもは揃《そろ》って声が小さいんだよな。最近の歌手だって、テレビを見ているとマイクが口についちゃうんじゃないかってくらい近づけて話している。あれは声が出なくて、あれくらい近づけないと声が拾えないからなんだろうな。

今の世の中って言うのは、声が小さくても通じちゃうシステムが成り立ってるんだ。パソコンだのメールだので、しゃべる必要がなくなってきてるだろ。だけどもっとでっかい声で話せるようにならないと、これからが大変だぞ。小さい声を出していると、どんどん隅《すみ》っこに追いやられちゃうから。**男でも女でもでかい声を出していれば、「俺はここにいるんだ」って周りから認めてもらえるんだよ。**スポーツで小さい声出しているやつなんかいないだろう？　周りから認めてもらえないとゲームに参加できない。だからみんな必死で声を出しているんだ。

極端なことを言えば、勉強ができるやつよりも声がでかいやつのほうが、社会に出てから偉くなっちゃうもんなんだ。それに静かなやつの中で声が大きいと、目立つからいいぞ。

メールっていうのは、コミュニケーションツールとしてはすごいんだろうけど、魂がこもっていないよね。やっぱり言葉のニュアンスを聞いて初めて、「ああ、こいつはこういうやつなんだ」ということがわかるんだよ。

◎世の中にはいろいろな言葉がある

それに、最近の若い人は言葉の種類が少ないよ。世の中にはいろいろな言葉があるんだけど、普段から使っている言葉の種類が少ないんだ。何でも「すごい」だの「やばい」だのに振り分けちゃって、気持ちがぜんぜん伝わってこない。日本語にはもっとたくさんの言葉があるのにね。**言葉を理解していないから、人の言っていることも理解できない。それは子どもだけじゃなく、30代、40代の大人だって一緒だ。**

本当は、そういうことは親から伝えなくっちゃいけないんだけど、今は子どもとの時間がとれない親が増えているだろう。でもね、**1週間に3時間で4時間でもいい。親子で話す時間をちゃんととるんだ。そうすれば、ちゃんと気持ちを伝えられる日本語が身に付いてくるはずだ。**友達がどんな言葉を話していようと、自分は自分の言葉で話すことができるようになってくる。学校の勉強なんかは普通でいいんだから、もっとそういうことを大切にしなくちゃ。

ちゃんと自分の気持ちを伝えるには、豊富な言葉が必要だってことはわかったか？　それじゃ言葉の種類を増やすための、とっておきの方法を教えようか。

◎落語をもっと聞こう

俺が若い子に勧《すす》めているのは、落語を聞けっていうことだ。だけど寄席《よせ》へ行くのはなかなか大変だろう。だから、今はいっぱいCDやDVDが出ているから、それを聞くんだ。**落語家はいろいろな言葉を使う。昔の言葉も、今使っている言葉も出てくる。聞いているうちにこっちの語彙《ごい》まで豊富になってくる。**そうして、言葉の中身、何を意味しているのかがわかるようになってくるんだ。そうすればしめたものだ。ああ、こういう意味なのかって思っていると、目の前が明るくなってくる。頭が開けてくるんだ。

俺も落語のCDをたくさん持っている。そしてうちの孫も小さいころから落語を聞いて育ったから、シャレがわかる人間だし、何より文章を書くのが得意だよ。大学の卒業論文では2人しかもらえない賞をもらった。言葉が増えると自分の気持ちを正確に伝えられるようになって、次第に周りから「こいつはこういうことを考えているやつなんだ」って正しく認識されていくよ。

ちなみにね、俺のおすすめの落語は「付《つ》け馬《うま》」。もし何を聞いたらいいかわからないなら、この話から聞くといい。CDを1枚買って、何回でも聞いてみな。登場人物は何をごまかされているのか、よく考えながら聞いてみるんだ。こんな面白い話はないから。それ

写真右、従業員の石橋清（植木係、宴会部長）さんと

から「蔵前《くらまえ》駕篭《かご》」っていうのもいいぞ。この2話はぜひ聞いてみてくれ。

落語っていうのは過去のものだと思われて、馬鹿にされちゃってるだろう？　まったく、とんでもない話だよね。

そういえばこの間、岩手の中学から修学旅行生が工場見学に来た。とっても元気で、こっちまで嬉しくなっちゃったよ。「俺もよく、岩手の温泉に行くよ」と話したら、「岡野さん、私のうちは民宿をやってます！　ぜひ泊まりに来てください！」なんてしっかり宣伝していくんだ。とても面白い子たちだったよ。俺が子どもたちに言いたいのはそこなんだ。**世《よ》渡《わた》り上手っていうのはずる賢いんじゃない。いい関係を作りながら、しっかりと自分を主張できるということなんだ。**

1章「人間関係のカラクリ」がわからないキミたちへ！
the most important things for your life

更正橋陸橋にて

the most important thing for one's life Question 3

◎特技がないです

僕のうちでは、小さいころから習い事なんてさせてもらえませんでした。だから、友達みたいにピアノが弾《ひ》けたり、サッカーが得意だったり、英語がしゃべれたりしません。今からでも、何か習い事をして、特技を作ったほうがいいでしょうか？

何だっていい
人が集まる特技を持て

◎ドジョウすくい日本一の俺の孫

俺が言う特技っていうのは、なにも就職のときに必要な履歴書の「特技」のところに書けるようなものでなくてもいいんだ。むしろ、書けないものでも面白いと思うよ。

ちょっとうちの孫の話をしようか。

安来節《やすきぶし》って知っているか？　ドジョウすくいって言ったほうがわかるかもしれない。うちの孫はね、小学校5年生のときに、ＮＨＫのドジョウすくいコンクールで日本一になったんだ。すごいだろう。

ドジョウすくいは島根県が発祥《はっしょう》の地で、うちの孫は小学校低学年のころから毎年、夏休みになると出雲大社《いずもたいしゃ》の近くにある民宿へ、ドジョウすくいの合宿に行っていた。毎年行っているから、かなり上達して帰ってくる。だけど、1日中ドジョウすくいをやっているってわけじゃないんだ。練習は1日2時間くらい。その他の時間は遊びに行ったり、農業を手伝ったりして、いろいろな経験を積んでくるんだ。それで小学校5年生のときに、優勝しちゃったってわけ。おもしろいだろう？

ドジョウすくいで優勝したあと、いろいろな集まりがあるときに俺の知り合いたちから、ぜひ日本一のドジョウすくいをやって見せてくれって声がかかるようになった。それでうちの孫は出かけていって、ドジョウすくいを踊ってくる。そうすると小遣いをもらって帰ってくるんだ。俺の孫も、誰に教わるでもなく、稼ぐということを自然に身につけていったんだ。わが孫ながらすごいと思うよ。

ドジョウすくいのおかげで、うちの孫はどこへいっても人気者。いろいろな人が話しかけてくれるし、親切にしてもらえる。ドジョウすくいが、孫の視野を広げてくれたんだ。

◎まず目立とう

そうやって孫は、小さいころからたくさんの人に接することができた。当然、人を見る目を養えたし、処世術《しょせいじゅつ》も身につけただろう。

オールマイティでなくったっていい。**何かひとつでいいんだ。他の人にはできないこと、自信を持ってできることを習得しておくんだ。ひとつ芸を持つ、芸人になるんだ。**簡単なことだっていいんだよ。字が早く書けるとか、早口でしゃべれることとかね。そうすれば一目《いちもく》置かれるようになるから。勉強だけできたんじゃ、誰も相手にしてくれないからな。だって、人間ひとりが動ける範囲なんて、たかが知れているだろう？　だから、人が寄ってくる人間にならなくっちゃ！　たくさんの人に寄ってきてもらうためには、まず目立たなくっちゃいけない。なにかひとつ特技があれば、目立つし、かわいがられるようになるんだから。

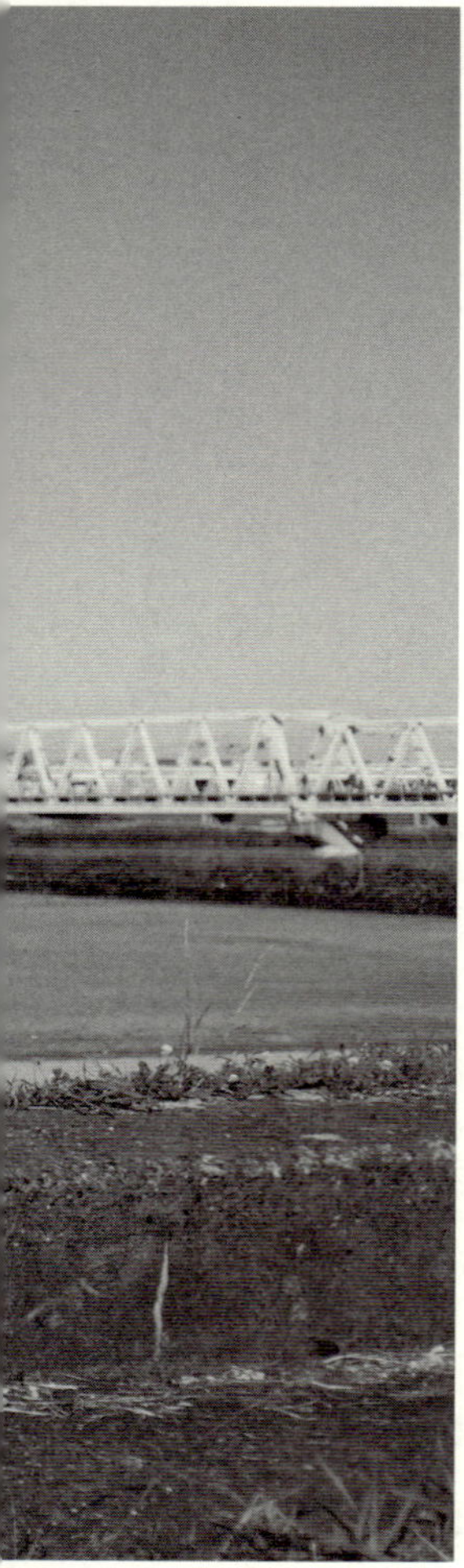

1章「人間関係のカラクリ」がわからないキミたちへ！
the most important things for your life

荒川土手にて

Question 4

the most important thing for one's life

◎世渡りって、どこで学ぶの？

世渡りっていうのは、学校では教えてくれないですよね。っていうか、僕のクラスは先生からして世渡り下手《べた》そう（笑）。岡野さんは、世渡りをどんなところで勉強したの？　どうすれば世渡り上手になれるんですか？

玉の井で学んだ「世渡り力」そのおかげで今の俺があるんだ

◎玉の井が遊び場所

俺が子どもの頃、俺の家の近くには赤線《あかせん》（売春が許可されていた歓楽街《かんらくがい》）があった。玉《たま》の井《い》だ。いってみれば、俺は新宿歌舞伎町《かぶきちょう》の真ん中で暮らしていたようなものなんだ。

そんなところで育って、小学校の名前は何の冗談か「更正《こうせい》小学校」。まったく、小学生だったころの俺は、まだ何も悪いことなんてしてないのに（笑）。

そんなところで育ってみろ、玉の井が遊び場所になっちゃうよ。学校サボって、絵描きや落語家、やくざのお兄さんなんかに混じって、将棋《しょうぎ》や碁《ご》を教わった。それからお姐《ねえ》さんのお使いもよくしたよ。タバコ買ってきてくれとか石鹸買ってきてくれとか。お姐さんが休みの日に、江ノ島まで遊びに行きたいから始発駅から電車に乗って席を取っておく、なんてことも頼まれた。そうすると、お釣《つ》りやお駄賃《だちん》をもらえるんだ。たまにぶん殴られたりもしたけれど、ともかく俺は、そうやって小遣《こづか》いをたくさん稼《かせ》いでいた。

その甲斐《かい》あって、俺は小さいころから金を持っていたな（笑）。親に小遣いをねだらなくても、自分で稼ぐことができたんだ。

昔の歓楽街ってところには、いろんな人間模様があった。そこで過ごしているうちに、自然にわかるようになってきた。こうやって人に接すればいいんだ、こうやってお得意さんに接すればいいんだって。考えてみると、テレビもゲームもなかったけれど恵まれている時代だったよ。子どものころからいろいろな人に接することができたんだから。

一緒に遊んでいると、その人の地《じ》のようなものが見えてくる。**たくさんの人に接していると、その人の言っていることが本当か嘘か、その人が本物かニセモノか、そんなことがわかるようになってくる。そうなると、怪《あや》しい人がおいしい話を持ってきたところで、騙《だま》されにくくなる。**遊びながら自然に「世渡り力《りょく》」が身に付いたんだ。

最近の話なんだけど、契約前に企業の担当者に「私が責任を持ちますから、この試作品をお借りすることはできますか？」と言われた。俺はためらいもなく渡してやったよ。この業界の常識で言えば、契約前に品物を渡すなんて危険な行為だ。だってそれを持ち帰って研究して、自分のところで量産体制をとれちゃうんだもん。この技術を盗《ぬす》んじまえば、コスト（費用）を抑《おさ》えられるもんな。同席した商社マンは、その夜、不安で眠れなかったらしい。

だけど、契約は成立した。でも俺に言わせれば当たり前の結果だよ。不安になる必要なんて、まったくなかったの！

相手が詐欺師《さぎし》かペテン師かただの大風呂敷《おおぶろしき》か、それとも本物なのか、俺はちゃんと最初からわかっていた。その人を本物と判断しなければ、もちろん試作品は渡さなかったさ。玉の井で磨《みが》いた人を見る目が、今でも役に立っているよ。

◎真面目な親父を反面教師に、遊ぶ人を教師に

話は戻るが、うちの親父はといえば俺とは反対で、真面目な明治の職人だった。遊ぼうよと言われても、断ってしまう。幸《さいわ》い腕が良かったから仕事はちゃんと来たのだけれど、

俺は親父を見て、これじゃダメだと思っていた。付き合いが狭くなっていっちゃうもん。変な話だけれど、俺は真面目な親父を反面教師に、歓楽街に出入りしている遊び人を教師のようにして育っていったんだ。世渡りの下手なやつだって、うまいやつに付けば、ちゃんと習得できるんだよ。

ところで俺は徳川家康ってすごい男だったと思うんだ。想像するに、家康の周りの家来はみんなイエスマンばっかりだったと思う。だけど夜になったら泥棒を呼んで、巷《ちまた》の話をしていたらしいんだ。**イエスマンに囲まれていればだれだって気持ちいいだろうけど、自ら違うタイプの人間と付き合うことで、ちゃんとバランスを保っていたんだな。**

俺たちだって同じだ。イエスマンばかりじゃダメ。ちゃんと人を見る目を養って、もっと広く、いろいろなこと言ってくれる人間とも付き合わないと。

岡野工業の工場前。工場内の環境は、クリーンルーム並み。墨田区“フレッシュ夢工場”設定第1号に選ばれた。

右・技術顧問の加藤聖次さんと岡野工業前で談笑。

◎自分の情報を人に渡したくない

自分で自分のここがイヤだなと思うことのひとつに、知っていることを人に教えたくないというのがあるんです。だって、私が情報を教えたら、抜《ぬ》け駆《が》けされちゃうじゃないですか。私が教えた情報のおかげで、誰かが私以上にいい結果を出すなんて耐えられません。例えば友達がまったく間違えた範囲のテスト勉強をしていても、「これで自分のほうが点が高くなる」と考えてしまって、教えたくなくなってしまうんです。でも、そんな自分がイヤです。

仕事というのは情報が決め手
情報が入ってくる人になれ

◎情報はお金とおんなじだ

うちの工場は狭いよ。たった１００坪だもん。ある人に言わせると、うちの工場はまるで潜《せん》水《すい》艦《かん》の中みたいなんだって。機械がびっしり置かれていてね。

だけど、ここにはすごいノウハウの塊《かたまり》がある。

この工場を建てるとき、工場の外にトイレを作った。うちはお客が多い。それも同業の、プロのお客だ。そして「トイレを貸してくれ」って話になるだろう？「トイレなら外だよ」っていうと、がっかりした顔するやつがいるんだ。**トイレを使う振りをして、工場の中を覗《のぞ》きたかったんだな。プロだったら、工場の中をチラリと見れば、どんなことをやっているのかだいたい想像がつくからね。**

昔から「口は禍《わざわい》の門、舌は禍の根」っていうだろう。人の口に戸は立てられない。工場の中を見られてしまったら、開発中の仕事がもれてしまったと考えておかしくない。だから充分に気をつけるようにしないと。

ラーメン屋にたとえるとわかりやすいかもしれない。行列《ぎょうれつ》ができるような人気店のスープの作り方なんか、人に教えないだろう？ 情報っていうのは、お金と同じなんだよ。

仕事っていうのは、結局のところ情報なんだって思うよ。**仕事っていうのは誰でもできるけれど、情報がなければモノはつくれない。**簡単に言えば、「もうちょっと行ったところに障害物があるからよけて通らなくっちゃ」とか「道が二手《ふたて》に分かれているけれど、こっちに行ったほうがいいぞ」とか、情報があるとそういうことがわかるようになってくる。だから障害物にぶつかる前に対策を練らないととか、見えるようになってくる。

だけど俺は、守秘義務《しゅひぎむ》があること以外では、情報は惜《お》しみなく出すようにしている。

◎人が来るから情報が集まってくる

俺が昔、金型屋からプレス屋になりたいと思ったときもそうだった。金型屋と違い、プレス屋はメーカーと直接話をすることができる。そのメーカーがどんなものを注文してくるかで、これから世の中がどんな風に変わってゆくのか、情報が入ってくるんだ。それを知ることができたならば、「今度はこの分野が伸びるのか」と、経営方針を打ち立てることも可能になってくる。

プレス屋の言うとおりのものを作るのが仕事の金型屋は、プレス屋を通した断片的な情報しか入ってこない。だから今やっている仕事がいつまであるのか、これから世の中はどう動いてゆくのか、まったく見えてこない状態になってしまうんだよ。これじゃ行き当たりばったりもいいところだ。

今、俺は他の会社にはできないものばっかりを作っている。そのおかげで、口外《こうがい》はしないと契約書を交わすのだが、これからの時代がどう動いてゆくのかを見ることができる。よく講演会などで「5年先、10年先の仕事をしている」というが、正《まさ》に本当の話なんだ。

今やっている仕事はそのくらい先を見据《みす》えて商品化されるものばかりなんだよ。

また、うちの居間はサロンみたいな位置づけだ。毎日、頼んでもいないのにたくさんの人がやってくる。遠くから飛行機にのってやってくる人もいれば、近所からふらりとやってくる人もいる。

そういう人がたくさん集まる場所だからこそ、いろんな情報も集まってくるんだ。技術を活かすための情報も、もちろんまぎれている。**俺は小学校しか出ていないから、知らないことがいっぱいある。人の話を聞いていると、面白くてしょうがないよ。**今になって「もっと勉強しておけばよかったなぁ」なんて思うくらい。まぁ、東大に行ってたら、今の俺はいなかっただろうけどね。

◎風通しのいい人間になれ

とにかく人と多く接して、風通しをよくしたほうがいい。

風通しがいいってことは、情報が入ってきて、また出てゆくということだ。情報の流通経路は「出口」と「入口」に分かれてはおらず、「出入口」として存在する。つまり、同じ口からちゃんと出さないと、新しいものは入ってこない。

情報はお金と同じ価値があると先述したけれど、**そのどちらとも、使わなければ宝の持ち腐《ぐさ》れ。情報を最大限に活かしていれば、必ずめぐりめぐって、再び自分のところへ帰ってくるんだから。**

昔、ある人に言われたよ。「岡野君、こませ（撒《ま》き餌《え》）をまかなければ魚は釣れないだろう？　人間だって、自分から情報を出さないと、人は寄ってこない。情報は交換するためにあるものなんだ」ってね。

もちろん、情報っていうのは機密《きみつ》情報でなくてもいい。「通信販売でこんないいものを買った」とか、「この間自転車を盗《ぬす》まれて困るって言ってたけど、こうすれば盗まれなくなるんじゃないか」とか、その人の役に立ちそうなことを教えてあげればいいんだよ。「へぇ、そうなんだ」と思わせてやればそれでいいんだ。

君たちも、情報が入ってくるような体制を整えて、風通しのいい人間になれよ。お互いにとって役に立つ情報はどんどん出してやれ。仏頂面《ぶっちょうづら》していたんじゃダメだからな。

◎大手企業に入って、元恋人を見返したい

フラれました……。彼女は僕とぜんぜんタイプの違う、年がら年中海外を放浪しているような男と付き合い始めてしまいました。大学を卒業したら、二人でバックパッカーが集まるカフェを開くと言っていますが、僕が思うに、世の中そんなに甘くないですよね。僕は大企業に入って、悠々自適《ゆうゆうじてき》な人生を歩み、元カノを見返《みかえ》してやりたいと思います！

大企業の看板をとっぱらって裸になったときにその人の価値が見える

◎会社でなく、人と仕事する

昔の恋人を見返すのに、企業の看板《かんばん》しか勝負するものがないのかよ。情けねぇなぁ。

俺のところには、いわゆる大会社の社員がたくさん出入りしている。誰でも知っているような、自動車メーカーや家電メーカーも多い。

社員はその大手企業の看板をしょって、俺のところへ来ているだろう。職人の中には、

「今度の仕事は○○自動車だから一生懸命やろう」というふうに、のれんを見て仕事をしている人がいる。

俺にとって大切なのは看板じゃないんだ。○○自動車だからやるんじゃない。○○自動車の開発をしているのが△△さんだから、△△さんに頼まれたから、仕事を引き受けましょう、というわけだ。

どんなに有名な会社でも、俺のところへ来るのが信用できなさそうなやつだったなら「悪いけどあんたとは仕事できない」って断るよ。こっちだって断る権利があるんだから。

俺の哲学では、大企業だから一生懸命やるっていうんじゃなく、そこにいる人とのつながり、俺とその人との人間性で、仕事をしたいんだ。

俺は下請《したう》けじゃないんだよ。人間が気に入らなければ仕事はしない。

◎人間の値打ちとは？

以前、こんなことがあった。昔取引をしていた大企業が、他では作れない金型を依頼して来たんだ。うちに来る前にあちこちに依頼してしまったので予算は少なかったのだけれど、製品の単価に金型《かながた》代を上乗せしてくれていいという話だった。

俺はその人間を知っていたので、快《こころよ》く引き受けることにした。

ところがしばらくして配置転換があって、まったく知らない人間が俺の担当になった。そして他の部署から来たその担当者が「岡野さんのところの製品なんですが、1個あたりの単価が高いですね」と言い出した。

「金型代をもらってねぇんだから、その分を単価で償却《しょうきゃく》するって約束なんだよ」と説明しても「そんな話は聞いていない、金型をよこせ」の一点張り。おれも頭きて、「うちには金はある。だから金型代はいらない。そのかわり、まだ半分も金型代をもらっていないから、半分にして渡してやるよ」と言って、担当者の目の前で金型を半分に切ってやった。慌《あわ》てふためいていたなぁ。いやぁ、面白かった。

大企業の看板をしょって、でかい顔しているやつって多いだろう？　でも、その看板を外《はず》したら、誰も相手にしないような人間なんてゴマンといる。地位だの学歴だの肩書きだのを全部とっぱらったとき、はじめてその人の本当の値打ちってものが見えてくるんだ。何もかも全部なくしても、相手にしてもらえるような人間にならないとダメだね。

2章

「自分の夢のかなえ方」がわからないキミたちへ！

the most important things at making your dreams come true

the most imporant things for your life

the most important thing for one's life Question 7

◎安定志向の僕ですが、独立希望の友人がうらやましい

親に「公務員になりなさい」と言われ続けてきたこともあり、僕の夢はキャリアの公務員。ノルマはもちろん、経営の浮き沈みもないので安心ですよね。企業だと、業績がいいときにはボーナスたっぷりかもしれないけれど、ずっと安定して暮らしていけるということを考えると、やっぱり公務員になりたいです。だけど友人は将来の独立を視野《しや》に入れて、大学へは行かずに小さな会社に就職しました。そのほうが全体が見えていいそうです。それを見て、なんだかうらやましい気も……。

安定なんて求めるな やりたいことを見つけるんだ

◎自分の好きなことを選べ

今の子どもはかわいそうだよな。テレビつければリストラだの不景気だの人殺しだの、暗いニュースばっかりだろ。**俺に言わせれば、テレビはバカをたくさん作ると思う。自分の頭で考えなくたって、全部見せてくれるんだもん。その点、ラジオはいいよ。創造性が広がる。**画《え》を見ると、頭はそれ以上先へ行かないけれど、ラジオは音を聞くだけだから、どんどん空想が広がっていくんだ。

話を戻すと、小さいころからテレビで勝ち組だの負け組だのを見て育ち、しかも親には「勉強しろ、大企業に行くか安定した公務員になれ」って言われる。だから子どもは、いい大学を出て、大企業のサラリーマンやら公務員やら官僚《かんりょう》やらになれば安泰《あんたい》だと思うようになる。東大を出ればえらいと思っている親に育てられるから、そういう小さな発想になっちゃうんだな。

教育現場もわかっちゃいないし、親のいうことも画一的《かくいってき》。なんでサラリーマンや公務員になるために大学に行くんだ？　官僚やキャリアになるために東大に行きたいって、何でそれが目的なのか、俺にはまったくわからない。**若い人がみんなサラリーマンや官僚になりたがっているのなら、社会はいつまでたっても元気にならないよ。腕を磨いて独立して、自分で商売をやっていこうっていう発想がないと！**

これまでだって学歴社会だったとは俺は思ってないけど、これからますます学歴なんて必要ない時代がくるだろう。だから、自分のやりたいことを早めに見つけたほうがいい。安定か不安定かで仕事を選ぶよりも、まずは自分のやりたいことを選ぶんだ。青春時代をつまらないことにつぎ込んでいる暇はないんだよ。

◎何事も20年やって一人前

俺は天ぷらが好きで、銀座のとある名店に40年も通っているんだけど、そこでは弟子《でし》は中学卒か高校卒しかとらない。大学を出た人間は雇《やと》わないんだ。だいたい、大学卒業した人を雇っても、独立するのに間に合わないんだよ。天ぷらをお客さんの前で揚《あ》げられるようになるまでには、最低でも20年はかかるからな。しかも下手《へた》に大学を出てしまうと、頭で理屈ばっかり考えるようになってしまうから、さらに仕事を覚えるのに時間がかかる。だから、大学を卒業してから「店を持ちたいから天ぷらの店で修行《しゅぎょう》するかな」と思っても、実はもう時間がないんだ。だから店主が雇うのは中学卒か高校卒なんだけど、あの店で修行して独立した人の店は、みんな成功しているよ。

俺は何事も辛抱《しんぼう》20年だと思っている。20年やらないと一人前《いちにんまえ》にならないんだ。職人だって同じだ。何でも20年が単位。その間、成功するために何をするかを考えて行動しないと。ここで間違えると成功から遠ざかってしまう。

◎一番最初が一番いい

今の若い人たちは、結婚して、つまらないとすぐ別れるだろう。そうすると次の人と結婚する。そうやっていくと、不幸になりやすいんだ。会社だって同じ。簡単に転職するけれど、一番いいのは最初の会社だ。一番最初が一番いいんだ。どうしてだかわかるか？それは、ほかに比べるものがないから、辛抱できるようになるんだよ。

ところがいくらいい会社に転職しても、「前の会社はこうだったよな」と比べるようになってしまう。比べると人間不幸になる。隣の芝生はいつだって青く見えるもんなんだ。

比べるものがないっていうのが、一番いいこと。悔《く》いが残るのはよくない。俺はみんなに悔いのない人生を送ってもらいたいと思っている。

そういえば昔、うちの親父が言ってたよ。**「お前らはラッキーだ。昔はみんながまじめに働いていたから、いくらがんばってもあまり儲《もう》からなかった。だけど今は違う。遊んでいるやつが多いから、ちょっとまじめに働けばすぐに儲かるだろう」**って。

親父は正しかったよ。だから、まじめに働いてみろ。ただがむしゃらにがんばるだけじゃない。ちゃんと世渡りを学びながら、努力するんだ。そうすれば安定を追い求めなくっても、必ず儲かるようになるから。

the most important thing for one's life Question 8

◎やりたいことが見つからないのですが……

岡野さんのように、小さい会社で大企業と対等に付き合いをして、「岡野工業にしかできないんです、これを作ってください」と言われる仕事をする。それにはとてもあこがれます。だけど、私には特に夢もないですし、とりあえず自分に合ったレベルの大学に入り、ある程度の会社に就職できればそれでいいと考えています。自分のやりたいこと、目指すべきものが見つからないんです。どうすればいいんでしょうか？

いろいろなことを吸収してそれを夢につなげるんだ

◎親が子に見せる人生メニュー

昔、「冒険《ぼうけん》ダン吉」ってマンガがあった。ダン吉って少年が船で眠っていたら南の島まで流されて、そこでいろいろな冒険を繰り広げるって内容だ。それを読みふけって、「ああ、南の島に行きてぇ」って考えてばかりいた。暑い国で、裸になって暮らしたいなんて思ってね。憧《あこが》れすぎて、密航《みっこう》しようと横浜へ行ったりもしたよ。

その影響で、今でも旅行といえば椰子《やし》の生えているところばっかり。南国リゾートにしか行かないんだ。オーストラリア、ボルネオ、スリランカ……。アメリカやヨーロッパよりも、やっぱり南国がいいね。

言葉なんてしゃべれなくっても大丈夫だよ。ボディーアクションで全部通じちゃうもんなんだ。**南の島のなにがいいって、みんな明るくて、ガツガツしてないんだよな。そういうのが幸せなんだなって思うよね。**

うちの子どもや孫たちが小さいころも、そういうところに連れて行ったよ。すると、子どもっていうのはそこでいろんなものを吸収するんだよな。そうすると、こんな学校へ行ってこれを勉強したいとか、この職業につきたいとか、いつの間にか自分で考えるようになるんだ。いわば、**親が子どもに人生のメニューを見せてやるんだよな。**

俺が子どものころは、家の近くにはたくさんの町工場があり、どこも窓を開けっ放しで作業していた。だから職人たちの働きを、子どもたちが間近《まじか》で見ることができたんだ。それも俺たちの人生のメニューだった。こういう仕事や生活があるって、ちゃんと目の前にお手本があったんだからな。

◎子どもは親の背中を見て育つ

うちの孫の話に戻そう。孫は船が好きだったようで、航海士になる目標を早いうちにもった。それは、昔クルージングに連れて行ったりしたところに素地《そじ》があって、「俺は将来船に乗りたい！」と思ったんだろう。孫は高校を卒業後、その夢をかなえるために国立東京海洋大学に入学した。技術をみっちり教えてくれる学校だ。だから就職も、普通の大学生ならどんなにいい学校を出ても「雇ってください」と就職活動をするけれど、この大学の場合は企業から「うちの会社へ来てくれ」とアプローチされるそうなんだ。生徒にしてみても幸せだよな。４年間学んだことを買ってくれる企業に就職して、身につけた技術を活かせる職場で働くことができるんだから。

結局、親がいくら「これをやれ！」って言っても、自分の将来は子ども自身が選ばないと。親は何もいわずに、自分の仕事を楽しくやればいい。子どもは親に何もいわれなくても、その背中を見て育つものなんだ。

今からでもいい、人生のメニューを集めて、自分の心が共感するものを見つけるんだ。そしてなりたいものを見つけて、とにかく腕に職をつけろ。そして自分の好きな道を歩けばいいんだよ。

◎海外留学をしたいのに親に反対された

私は将来国際協力に携《たずさ》わって行きたいと考えている高校1年生です。国際的な舞台で働くためには、語学が必要不可欠です。もちろんその他にもいろいろと学ぶことはありますが、ちゃんと自分の意見を伝えられるようになるために、語学の習得は早ければ早いほどいいと思うのです。最近、海外留学の話を両親に切り出しました。しかし、両親は「危ないからダメだ」の一点張りで、「わがままだ」とさえ言われました。どうすればいいのでしょうか？

若いころ海外に行くとイエス・ノーがはっきり言える人間になれる

◎「ひとり旅は心配」と言うな

海外で勉強するのはとってもいいと思うよ。うちの次女は高校生のころ、うちに出入りしている技術屋の海外話に刺激されたみたいで、バックパックを背負ってひとりで南米旅行に行きたいと言いだした。

若いころに海外を経験すると、考え方が変わるね。イエス・ノーをはっきりと言えるようになる。だから俺は行けといってやった。その代わり、ホテルは一流のところへ泊まらせるようにしたんだ。

そのころの南米ではまだ東洋人が珍しく、どこへ行っても大騒ぎになったそうだ。夜は一流ホテルに泊まっている人たちが「ディナーを一緒にどうですか？」と毎日のようにレストランに招待してくれたらしい。

帰りの飛行機の中では、隣の席のおばさんがプエルトリコの化粧品会社社長だったらしく、「あなたさえ良かったらうちに泊まらない？　もし家を見て気に入らなかったら他へ泊まればいいわ」といってくれた。家を見たらものすごい豪邸で、結局10日間くらい滞在したらしい。しかもそのおばさんは衣装持ちで、洋服を何着ももらって帰ってきたよ。それが娘の世界観になったらしく、娘は航空会社に就職し、世界中を飛び回っていた。

うちは「女の子ひとりで旅行なんて心配だ」とは言わないで、どんどん行けっていっている。長女は東南アジアをまわっていたよ。俺自身、ヨーロッパやハワイよりも開発途上国と呼ばれる国のほうが好きだからね。子どもたちも影響されるんだろう。

開発途上国だと、たとえば5年や10年経つと町がえらく変わっちゃうだろう？　どんどんビルが建てられて、近代的な都市になっていく。だから今行かないと、風景が変わっていってしまうんだ。その点、欧米はもうすでに町が出来上がっちゃっている。変わりようがないんだ。俺はそういう考え方で渡航《とこう》先《さき》を選ぶからね。変わってゆくものを、変わる前に見たいんだ。

タイのオリエンタルホテルにて。上の写真・動物とたわむれる岡野さん。下の写真の右端岡野さん。後列は、岡野さんの2人のお嬢さま。

the most important thing for one's life Question 10

◎兄とは違うことをしたい

僕の両親は開業医です。大学生の兄がいて、僕たち兄弟は医者になるのが当たり前といった環境で育てられました。兄は医療が向いているみたいなので、文句も言わず、大学に通っています。両親もそんな兄を見て、誇らしげにしています。親は僕にまで医者になって欲しいと言います。将来別の仕事をしたいならそれでもいいから、とにかく医大を出なさいと諭《さと》されます。だけど、そんなことに6年も費やしたくない……。どうすればいいでしょうか？

納得できないのなら
現状維持なんてする必要はない

◎なぜ、金型屋は儲からないのか？

「医者になれ」、「官僚になれ」、「博士になれ」って、生まれたときから過剰な期待をされている子どもは大変だよな。たまたま子どもがその職業に向いているならいいけれど、そういう親は、たいてい子どもたちに他の選択肢《せんたくし》を見せようとしないんだ。

そういう俺も、親父との確執《かくしつ》はしっかりあったよ。

俺は学校が嫌いで、ぶらぶらしていた。そうしたらお袋が「おまえね、男っていうのは腕に職がないとやっていけないよ。腕に職をつけてくれ」って1日何度もいうんだ。俺も「しょうがない」って気になって、親父の手伝いを始めるようになった。いやいや親父に教わりながら仕事を始めたんだ。

俺の親父は金型屋だった。金型っていうのはその名の通り、モノづくりの基礎となる型を作るのが商売だ。簡単に説明すると、金型には雄型《おすがた》と雌型《めすがた》がある。プレス機にその2つの型を取り付けて、その間に挟んで金属の板をプレスすると、上下の金型に圧されて製品ができるという仕組みになっているんだ。

だけどね、はっきりいって、金型屋は儲からない。どうしてか？　金型屋はユーザーと直結することができないんだ。

つまりはこういうことだ。ユーザー（企業）はプレス屋に「こういうものを作ってほしい」と仕事を発注する。プレス屋はその型を金型屋に発注し、納品してもらう。その金型を使って、企業が欲しがる製品や部品を生産し、販売する。つまり、金型屋はプレス屋の下請《したう》けで、儲けのほとんどがプレス屋へ行ってしまうんだ。

例えば企業がプレス屋に、金型代として1000万の予算を提示する。そうするとプレス屋は金型屋に「600万円でこれを作ってくれ」ともちかけるんだ。金型屋には情報は何もないから、プレス屋の言うがままにその予算で作るしかない。追加の注文はその金型が摩耗《まもう》したときだけだから、毎月の仕事は安定していない。一方プレス屋は、その金型を使って作った商品を1個いくらで企業に売るわけだから、その製品が世間で必要とされている限りは安定した収入源になるってわけだ。

◎親父との明けない戦争

40年前の当時、俺の知っているプレス屋のなかには、図面の見方さえ知らないやつもいた。企業からきた図面を下請けに出して、あがって来た金型で製品をつくればいいだけだもん。金型を発注する差額で儲けて、製品でも儲ける。金型屋がいくら一生懸命働いても、プレス屋にかなうわけがないよ。

俺は若いころ、プレス屋ばっかり儲けていることに対して頭にきちゃってね、親父に言ったんだ。「親父、俺たちが一生懸命頭と高い機械を使って金型を作ったって、プレス屋ばっかりガンガン儲かって俺たちにはほとんど入ってこない。俺もプレス屋になる」ってね。

親父は明治37年生まれの、義理と人情の人間だ。**「いいか、金型屋は絶対にプレスの仕事をやっちゃいけねぇんだ。今までうちに発注してくれたお得意さんの仕事を取るようなことを金型屋がしたら、世間さんに申し訳ねぇだろ」って怒鳴《どな》られた。**

そう、この業界では、金型屋がプレス屋の仕事をするというのはタブーだったんだ。だけど当時は超硬合金《ちょうこうごうきん》の金型が出てきたころだ。これは高硬度で高強度の合金なので、それまでの金型のように消耗しない。ようは、金型屋に追加の仕事が来なくなりそうだったんだ。金型屋だけやっていたら、どう考えても将来は見えている。

親父と話していてもらちが明かないから「それじゃ、朝8時から夕方5時までは親父の仕事を一生懸命やりますよ。だから仕事が終わる5時以降、翌日の朝まで、この工場を俺に貸してくれ」って頼んでみた。

だけど親父も明治の男。なかなか首をタテに振らなかった。電気代がもったいねぇとか機械が磨《す》り減るとか屁理屈《へりくつ》並べやがってね。そうしたらうちのお袋が「貸してやりなさいよ。大丈夫、あいつには前科《ぜんか》があるから」と間に入ってくれた。**前科っていうのは俺の飽《あ》きっぽさのことで、幼稚園でも何でも3日で辞めていたから、続くわけがないと思ったんだろう。そうやって、やっと親父を説得した。**だけど、いつもなら遅くても5時30分には終わる仕事を「忙しいから」といって7時ごろまで延長したり、親父のやつ、いろんな意地悪《いじわる》もしてくれたよ（笑）。

◎人の仕事は盗らないという約束

俺がプレスの仕事を始めたときに決めたこと。それは親父の言うとおり「人の仕事を盗《と》らない」ということだった。それなら俺にもできる。「安すぎて誰もやらない仕事」と「技術的に難しくて他の誰にもできない仕事」をやっていけばいいんだから。それ以来、岡野工業はこのどちらかの仕事しか請《う》けていない。仕事を盗られたことは何度もあったが、俺が人の仕事を盗ったことなんて一度だってないんだ。

そんなこんなで、俺のプレス屋としての仕事がはじまった。

いいかい、やりたくないことをやれと言われても、無理に自分を納得させる必要はないんだ。俺だって親父に反対されて従っていたら、今頃ここにはいなかっただろう。やりたいことがあって、それを実現させる可能性があるのなら、現状打破できるようにがんばってみるといい。

◎学歴がない

僕は高校を中退しました。学歴がないんです。高校に入ったときには将来に希望を抱いていましたが、今になってみるとむなしいばっかりです。そして、何かにつけて「どうせ僕は中退だし……」と考えています。頭が、あきらめる方向ばっかりを向いて、考えてしまうんです。こんなんじゃ何をしても成功するわけがないですよね。岡野さんも学歴がないそうですが、僕のようにコンプレックスを感じることってありませんか?

学歴がないことを自分の強みにするといい

◎俺は小卒だよ

こりゃもう簡単な話だ。学歴なんかなくたっていい。俺だって小卒だよ。

学歴がないと、確かに他の人よりも遅れをとっているように感じるかもしれない。**俺にだってコンプレックスはあるさ。だけどそういうふうな気持ちを持っていないと、人間、天狗《てんぐ》に**

なってしまうと思うよ。「才子《さいし》、才に倒れる」とは、昔の人もよく言ったもんだね。つまり、自信を持ちすぎてしまうと、かえって足元《あしもと》をすくわれてしまうってことなんだよ。

俺には地位も学歴もないだろう？　みんなよりもずいぶん劣っているわけだよ。そんな俺が大卒だの大学院卒だのを追い越して、一人前になるために、できることはひとつしかない。人にできないことを率先《そっせん》してやって、認められるしかないんだよ。

岡野工業が、東京・下町にある、たった6人の町工場だということは周知の通りだ。そして、そんな小さな工場が「技術の駆《か》け込み寺」とまで呼ばれている。これは学歴によるものでは全くないということがわかってもらえるだろうか？　学歴でも地位でもない。経験に裏打ちされた技術力が、他にはできないようなプレスを可能にしたんだ。

よく、職人をつくるのには長い時間がかかるって言うけれど、それは、技術っていうのは、誰かに教えてもらうものじゃないからなんだ。毎日毎日見て、触れて、考えて暮らしてゆくうちに、いつの間にか身に付いている。つまり、学校へ通って試験を受けて、免許を貰ったら今日から職人っていうわけにはいかないんだ。**技術を積み重ね、経験を積んでゆくと、そのうち自分にしかないものが生まれてくる。それが感性《かんせい》なんだよ。そこを大切にしろ。**

そのためには、失敗を重ねるんだ。コンプレックスもうまく使えばバネになる。ただし、

「失敗してもいいや」と思って失敗するんじゃないぞ。常に成功を前提として試行錯誤《しこうさくご》を続けろ。「ここでいい」なんて満足せずに、転んでもただでは起きない精神を持ち続けていれば、気がついたときには、他の誰も来ないような高みに上っているはずだから。

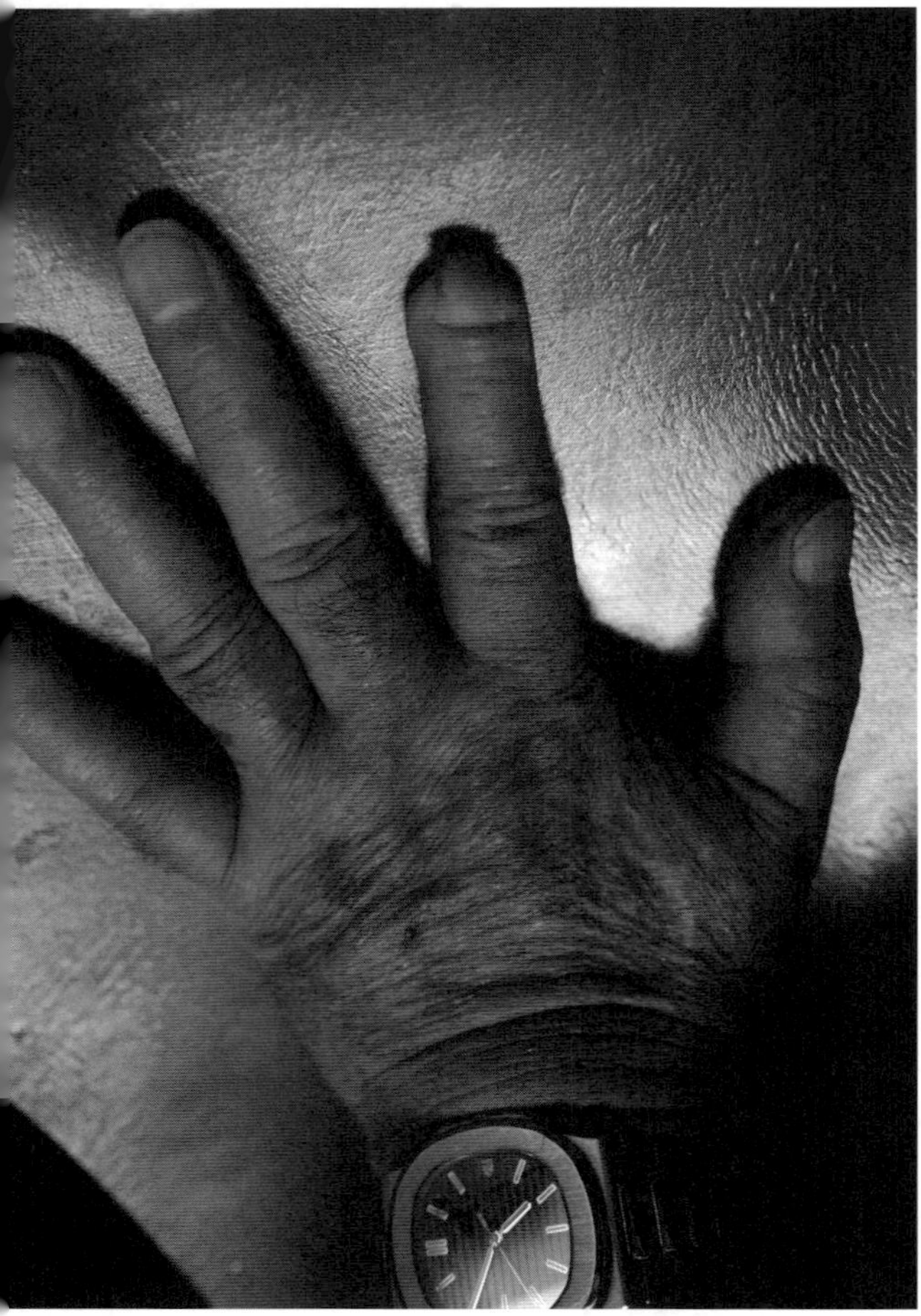

左手の人指し指の爪が危険を察知するセンサーがわり。

3章

「どんな仕事についたらよいか」がわからないキミたちへ！

the most important things at getting jobs

the most important thing for one's life Q12 uestion

◎そこそこの会社に入りたいのですが……

今の時代、楽《らく》して稼いでいる人がたくさんいますよね。ネットや本などでも、そんな「楽して儲ける話」の広告や情報があふれています。僕はさすがに不労《ふろう》で収入を得ようとは思わないのですが、やっぱり給料がいい会社に入って、そこそこの仕事でそこそこの給料をもらいたいと考えています。だけど、もし将来リストラされたりしたら？ そう考えると、ルーティンワーク（日常の仕事）をこなす以外、自分には何も残らなくなるんじゃないかと心配です。

サラリーマンになるんだったら独立を視野に入れるんだ

◎働くとはどういうことか？

俺んところにも「働きたい」ってやつがたくさん来るんだけど、みんな勘違《かんちが》いしてるんだよな。「働きたいんですけど、給料はいくらですか？ ボーナスはありますか？」なんて、必ず聞いてくる。そんなやつには、「なんで俺がお前に給料払うんだ、こっちが仕事を教えるんだから、給料もらいたいくらいだよ」って言ってやるんだ。

教えてもらっているのに給料が欲しいっていうことは、自分から積極的に学ぶ姿勢がなってないってことだよな。貪欲《どんよく》さが足りないんだ。自分が本当にやりたいことなら、たとえ月謝を払ってまでしても、乾《かわ》いた土が雨を吸い込むように技術を吸収するだろう。

少なくとも昔はそうだったよ。俺の親父も職人だったけど、弟子は自分で米と味噌《みそ》を1年分持ってきて、これで働かせてくださいって頼むのが当たり前だったんだ。なぜだかわかるか？　6年で学校を卒業したら、すぐに小僧《こぞう》として工場に入って、20歳の兵隊検査まで同じところで働く。それで帰ってきて1年間お礼奉公《ほうこう》して、そこで初めて、職人として独立、野球でいえばフリーエージェントになれるんだ。それだけ下積《したず》みを積んで、ようやく一人前だって、周りも認めてくれるんだ。つまり弟子たちは、はじめから独《ひと》り立《だ》ちするために、仕事を覚えようとしているんだな。

しかも、それができるのは、味噌や米を持って来れる比較的裕福な家庭の子どもだけ。そうやって、いわば自分で払って仕事をしているわけだから、どんなことでも吸収してやろうと、みんな一生懸命働いていたよ。

うちの親父は5～6人働かせていたけど、やっぱりみんな「教えてください」って言ってきた人ばっかりだ。そうやってうちに来るのは、たいていは自分の家でも事業をやっているところの息子が多い。自分の家で金型を作って、さらに製造もやれば、家の中で全部の仕事をできるようになる。それに親から見たら、自分の工場で働かせるよりも他のところでやらせたほうが、職人の腕が磨かれるからね。何事もそう。家の中にいたらダメなの。みんなそうやって切磋琢磨《せっさたくま》して、一人前になっていったんだ。

◎誰もやらないことをやる

それが今じゃ、何にもできないくせに給料がいくらだとか休みが何日だとか、条件ばっかり見てるやつらばっかりだ。俺はサラリーマンやったことないし、親父の工場で働いていたから、先輩も親父ひとりだけ。状況は違うかもしれないけれど、これだけは言える。若い人たちに言っておきたい。

なぁ、楽な仕事ばっかりじゃ面白くないだろう？　誰もやったことのないことをやる。登山でいえば、誰も登ったことのない山を登るんだ。頂上に着いたときにはほんと、最高の気分だよ。定時《ていじ》まで決められたことをやって、今日帰ったらビール飲んでテレビ見るなんて生活よりよっぽど面白いよ。そうだろう？

俺はもう74歳になる。サラリーマンだったらとっくに定年《ていねん》している年齢だ。だけど俺は今でも現役《げんえき》で、毎日楽しみながら仕事をしている。こんな嬉しいことはないよな。一生現役でいられるんだ。

好きなことをいつまでも続けたいのなら、独立するんだ。そうしないと、他人に「お前はここで退職だ」っていう、定年とかリストラとかのラインを引かれちゃうぞ。

the most important thing for one's life Q13 uestion

◎給料もやっぱり大切じゃない？

就職する際に、お金で選ぶよりもやりたいことで選んだほうがいいかもしれない。だけど、給料ってやっぱり大切ですよね？　今度就職するのですが、例えば比較的給料はいいけれどもあまりやりがいを見出せないような会社と、給料も安く拘束《こうそく》時間も長いけれどもやりたいことを実現できそうな会社がある場合、どちらを選べばいいのでしょうか？

目の前の仕事に集中しろ
お金はあとから追いかけてくる

◎お金は女房まかせ

みんな、仕事する前に計算しちゃうからダメなんじゃないだろうか？　これをやれば何時間かかっていくら利益が出てどれくらい儲かるか。先にそっちを考えちゃうんじゃないだろうか？

俺はそういうことを考えたことはない。**頭の中にあるのは、この製品ができればいい、た**

だそれだけだ。だから俺はお金のことは考えない。うちの年商《ねんしょう》がいくらで、うちにいくら貯金があるのかなんて知らないよ。全部女房《にょうぼう》に任せてある。

何が問題なのかわかるか？　**職人はお金のことを考えて仕事をしてはいけないんだ。**

職人が最初にお金のことを考えて仕事を始めたら、手を抜くことを考えるよね。だって、利益を上げるためにはできるだけ安くしたほうがいいんだから。材料費を削《けず》って、時間をかけないで、工程《こうてい》の数を減らして。

だけど、そうやって削っていけば、必ずどこかでボロが出て、破綻《はたん》する。モノを作る人間は、それだけはやっちゃいけない。モノを作ってから、その価値を依頼主に認めてもらうような仕事をしてゆきたいんだ。

◎見積もりはしない

だから、見積《みつ》もりはしない主義なんだ。いくらかかるかなんてわからない。だけど必ずいいものを作る。

例えば１０００万でこの金型を作ってくれと依頼が来る。普通の人なら１０００万で頼まれたら、いかにコストを安く抑《おさ》えて、自分の利益を多くするかを考えるだろう。１００

0万もらって、本来800万で開発できるものを700万で作れば、儲けが増えるもんな。だけど俺はそういう仕事はしないできた。**1000万かけて金型を作って、その出来が気に食わなければ、自腹《じばら》であと500万かける。だって自分で納得できないものは作りたくないからな。**

その500万は俺が払うわけなんだけど、「損したな、でもあと500万でいいものができるんだから、赤字《あかじ》になっても納得するまでやってしまおう」と思って金型を作る。だけど面白いのは、そうすると依頼主は、必ず俺の仕事を高く評価してくれるんだ。**「岡野さん、いい仕事をしてくれてありがとう。次はこの仕事をお願いするから、これで儲けてくれ」と、儲かる仕事をまわしてくれる。つまり、リピーターになってくれるんだ。**1回目の仕事は赤字だったかもしれないけれど、2回目、3回目と、いい仕事を持ってきてくれるようになるんだよ。

依頼主に製品のサンプルを見せると、震《ふる》えるくらい感動してもらえることがある。「岡野さん、こんな素晴らしいものを作れたの。ありがとう」って。それはとてもうれしいね。そういうことがずっと続いて、岡野工業を支えてくれているんだ。**目の前の仕事さえちゃんとこなしていれば、お金なんかあとからついて来るんだ。**お金が入ってくれば、また研究や開発に専念できるし、みんなに喜んでもらえる。そうやって、いい仕事っていうのは、サイクルみたいに循環《じゅんかん》していくんだよ。

覚えておいて欲しい。女だって好きだ好きだって追いかければ逃げていっちゃうだろ？　それと同じだ。お金を追いかけると、お金は逃げていく。反対に、仕事を追いかければ、お金は嫌でもついてくるんだ。

the most important thing for one's life Question 14

◎脚光を浴びる仕事がしたい

努力こそが尊《とうと》いって意見は私も賛成です。正しいと思うし、努力なしでは確かに何も成しとげられないと思う。だけど、はっきりいって、いつかは脚光《きゃっこう》を浴《あ》びてお金持ちになりたい！　だって、小さな仕事ばっかりやっていると、お金持ちにはなれないでしょ？　違いますか？

安くて人がやらない仕事も頭を使えば儲けにつながる

◎安い仕事にひとひねり加える

プレス屋を始めたときに「安くて誰もやらない仕事」と「難しくて誰にもできない仕事」で食《く》っていこうと決めたことは前にも話した。

難しい仕事ばかりが脚光を浴びるけれど、安くて人がやらないような仕事だって、工夫《くふう》すれば儲かるようになるんだよ。俺はその仕事で開発研究費を捻出《ねんしゅつ》して、新しいものの開発に当てているんだ。

ただし、安くて誰もやらないってことは、頭を使ってひと工夫加えないといけない。例えば1個1円の利益にしかならないものでも、大量生産の体制を整えてしまえば、1年に1千万以上の利益に化ける。つまり採算《さいさん》を取るために、他とはやり方を変えるんだ。

いちばんいいのは自動化ラインを作ってしまうことなんだな。スイッチを入れれば、こっちが何もしなくても24時間稼働《かどう》して、ドンドン製品を作ってくれちゃう。まったく、夢みたいな機械だよね。

俺が最初にプレスの仕事を請けたのが、まさにこういうケースだったよ。コイルケースの4隅《すみ》に穴を開《あ》ける仕事なんだけど、普通に考えたら4台の機械とそれを動かす人件費がかかってしまうんだ。利益は1個につき80銭。まともにやったんじゃ採算が合わないから、誰もやりたがらなかったんだ。

人と違ったことをやりたいと考えていた俺は、1回のプレスで4つの穴が開いてしまう機械を作ろうと考え付いたんだ。そんな機械は今はないけれど、開発すればいい。そのときの仕事でわかったんだ。いくら安い仕事でも、やり方によっては充分儲かるんだってね。

研究や開発ばかりしていても商売上がったりになっちゃうし、安い仕事ばかりしてても難しいことをやりたいという気持ちは満たされない。脚光を浴びたいと思うのはいいけれど、それを後《うし》ろ盾《だて》する何かがないと、転《ころ》んじまうよ。

大切なのは、儲けるところと使うところのバランス感覚なんだよ。

the most important thing for one's life

◎技術を学ぶためには修行が必要でしょうか？

僕は大学生です。20歳を超えて親に全部の負担をかけるのもいやなので、居酒屋でアルバイトをして、生活費の足しにしています。アパート代くらいしか稼げませんが、学生なのでしょうがないですよね。ところで岡野さんは「若者は腕に職をつけろ」と言いますが、僕のように大学とアルバイトで忙しい学生は、専門学校とかスクールとかへ行こうと思っても無理な場合が多いと思います。がんばって時間を作って、どこかへ通ったほうがいいですか？

チャンスはどこにでも転がっている
アルバイト先も技術を学ぶ職場なんだ

◎努力することを忘れるな

俺はいつも子どもたちに、「サラリーマンにはできるだけならないようにしろよ」というようにしている。サラリーマンになって人に使われる、たったそれだけのために大学で一生懸命勉強するなんて、何かばかげていないか？　言っておくが、自分で社長になること

を考えるんだ。

今はこんな時代だから、独立するまでの間、例えば5年や10年ならサラリーマンをやるのも悪くないのかもしれない。そうして、「世の中はこうなっているんだな」ってことを勉強するんだ。だけど、会社勤めしている間も努力することを忘れちゃいけない。そうしていろいろなことを学んで、自分で商売始められると思ったときに独立するんだ。

いつまでも独立しないで一生人に使われるなんて、よく考えるとばかばかしい話だ。儲けだってみんな会社に取られちまう。**10年、20年もサラリーマンを続けていると、何にも疑問を持たない頭に飼《か》いならされて、去勢《きょせい》されちまう。夢や金銭感覚だって、月給サイズになってしまう。まったく、さみしい話だよ。**

例えば職人だってラーメン屋だっていい。自分で商売を始めるんだ。それまでは修行《しゅぎょう》だと思って辛抱《しんぼう》あるのみ。腕に職をつけながら自分でも自発的に勉強して、自分のオリジナリティにつなげられれば本物だ。

◎未熟だから知識や技術を吸収できる

さて、忙しくて技術を身につけている暇がないってことだが、うちの孫の話をしようか。

海洋大学へ通っていたとき、やつは学校の寮に入っていた。男3人暮らしだ。だからたまには旨《うま》いものを食わしてやろうと思って、ちょっと銀座まで出てくるように電話した。そうすると孫は「これからアルバイトに行くんだ」と言う。俺はやつがアルバイトしているなんて知らなかったから、どこで働いているのか聞くと、築地《つきじ》の魚屋だという。どうして魚屋なのか聞くと、「船乗りになるなら、魚のさばき方がわかったほうがいいから、さばき方を覚えるんだ」と答えた。

わが孫ながら頭がいいなと思ったのは、正社員として魚屋に入ると、包丁《ほうちょう》を持つまでに最低でも1年はかかるらしいんだ。だけどやつは何でもやるアルバイトとして入ったので、やたらといろんなことをやらされるわけだよ。すぐに「この魚切っとけ」と、包丁を持たせてもらえた。

しばらくしてまだバイトしているのか聞いたら、今度は中華料理店で働いているという。そう、孫は中華料理も覚えたかったんだ。こっちも、正社員として働くと皿洗いからやらされるらしいけど、孫は厨房《ちゅうぼう》のバイトとして入ったから、最初のころから鍋《なべ》を振らしてもらえた。数ヶ月働いていたら、料理の腕もメキメキ上がったよ。おかげで今じゃ船の上で魚をさばいたり料理を作ったりして、みんなから重宝《ちょうほう》がられているらしい。

ただお小遣《こづか》いをもらうためのアルバイトなんてもったいない。**アルバイトするのなら、自分に必要な技術を学べるところにするんだ。目的を持ってアルバイトすると、お金以上のものが手に入るぞ。**

一度しかない人生のうちの、少ししかない若い時代だ。**何かを吸収することに夢中になれば、必ず未来は開けてくるよ。だけど謙虚さは忘れちゃいけないぞ。自分はまだ未熟なんだと思っていると、技術や知識をどんどん吸収していける。**

身にならないアルバイトをして、給料をパーっと使いたいならそれでもいい。だけど覚えておいてほしいのは、すべては自己責任なんだってこと。後で「あの時間をほかの事に使えばよかった」と思っても、誰も責任を取ってはくれないんだよ。

the most important thing for one's life

Q16 Question

◎ズバリ、仕事って面白いですか？

僕の周りの大人は、正直言って仕事があまり好きじゃないみたい（笑）。学校へ行くときにもたくさんのサラリーマンを見るけれど、みんなウトウトしたりイライラしたりして、辛《つら》そうだなと思います。会社に向かう電車の中であんなふうにしていると、仕事が余計辛くならないのかななんて、おせっかいながら思ってしまいます。僕は面白い仕事がしたい。毎日、会社へ行くのが楽しみでしょうがないくらいになりたい。岡野さん、仕事って、面白いものですよね？

誰も助けられない人でも俺なら助けることができる

◎俺の趣味は仕事さ

俺も同感だね。サラリーマンを見ていると、みんな仕事嫌いで生きてるんじゃないかなと思うことがある。俺は違うよ。よく、「岡野さんの趣味はなんですか？」って聞かれるんだけど、いつもこう答える。「仕事です」って。そうするとたいてい「嘘でしょう」と驚かれるんだけど、いやいや、俺は本気だよ。

仕事は面白い。こんな面白いことはないよ。**俺の会社を医者にたとえるなら、いろんな病院からさじを投げられて、どこへ行っても助からないような患者《かんじゃ》が「助けてください」って言いながら駆《か》け込んで来るようなドクターだ。**つまり、他の誰も作れなかったものを作ってくださいと、そう言いながら企業がうちに来るんだ。

それを助けるってことは、こんなに気持ちのいいことはないよ。大学病院にも「無理です、手のほどこしようがありません」と見放《みはな》された患者の治療をして、先に進めるようにしてやる。そこに生きがいを感じるんだよ。

だけどね、患者のほうもしたたかで、「助けてください！」って言っていたのに、俺が「直るよ」って言うと、コロッと態度を変えて「見積《みつ》もってください」とか言い出すんだよな。まったく、人間の心理っていうのは面白いよね。そうすると俺も言うんだ。「あなたが急にお腹が痛いと苦しみはじめて、救急車で病院へ行くとする。そこで先生が『すぐに手術が必要です』と言うにもかかわらず、『見積もってください』なんて言うか？」

技術的に難しい仕事の場合、俺は成功する可能性が6割以上あると判断したら請けるようにしている。しかも、俺はいまだかつて見積もりっていうものを作成したことがない。今まで誰もや

ったことのないものを作るのに、どうやって見積もりを出すっていうんだ？

でも企業は予算を取らなくちゃいけないから、「アバウトでもいいから見積もりをお願いします」と言う。それじゃ1000万でも5000万でも、好きな数字を言えばいいっていうのか？

それじゃダメだろう。俺は正直に仕事をしたい。8割方できたらいくらかかるかわかるから、もうちょっと待ってくれって、いつも見積もるのを待ってもらうんだ。これは俺以外にはできない仕事だから言えること。俺の特権だと思うよ。

その代わり、もしも開発できなかったら金はもらわない。どんなに時間がかかっても、研究費も一切《いっさい》もらわない。それで年商3万5000円なんて年もあったよ。あのときは女房に怒られたなぁ。

◎成功者はそれ以上に失敗している

とにかく、この仕事をしてきて一番うれしいのは、注文を受けて、いい品物ができたとき。人がやっていないことをやるっていうのは、一番の喜びだよ。

大企業だってね、こういう意気込みでモノづくりをすることはできるだろう。でもなぜやらないか。それは上に立つ人間が責任を取りたくないからなんだよな。**リスクの多いことはやりたくないんだよ。失敗を恐れているんだ。だから余計に仕事が楽しくなくなってくる。守りに入ってばっかりいたら、そりゃ面白くなんてないだろう？**　例えばそんな守ってばかりの野球、見たいと思うか？

　どんなことでも、失敗をしないと成功はない。成功している人は、それ以上に失敗しているんだよ。　失敗を繰り返さないと成功までたどり着けないんだ。額《ひたい》に汗して働かないと。その失敗から成功へのプロセスが楽しいんだけど、つまらない顔しているサラリーマンは、そこら辺がわかっていないんだろうな。

岡野工業の「製品」は非常に多彩。
日々の地道な研究から生まれた小さな部品の一つ一つ。

[金型設計・制作]
ここに紹介した、あらゆる分野の小物部品の金型設計・制作。
[深絞り加工]
電池ケース関連（丸型・角型）／都市ガス用センサー関連／
オーディオ機器関連／化粧品関連／家電関連その他

3章「どんな仕事についたらよいか」がわからないキミたちへ！
the most important things for your life

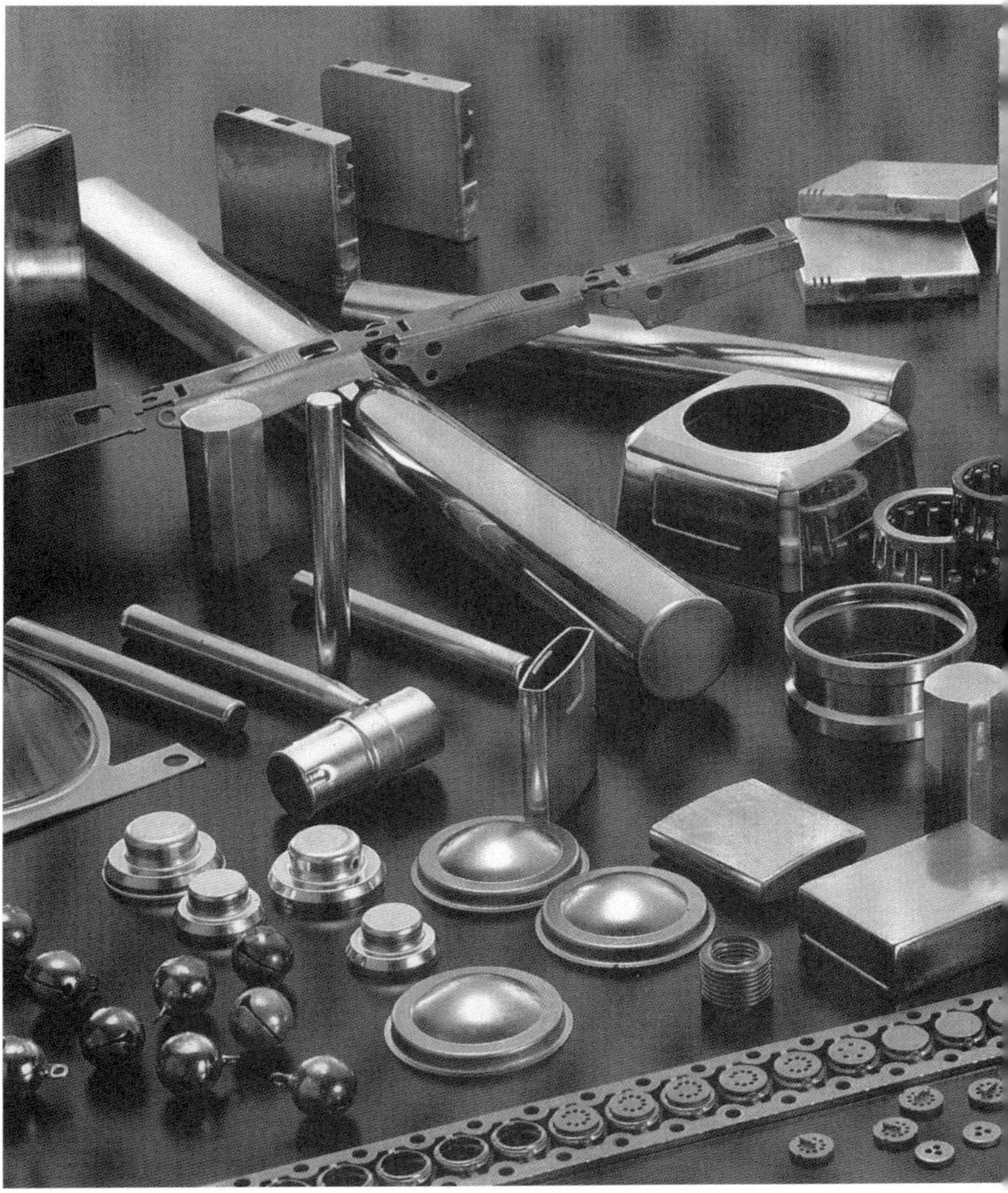

Q17 Question
the most important thing for one's life

◎お金は、どういうふうに使うもの？

私はケチです（笑）。というか、将来どうなるかわからないから、今からお金を貯《た》めています。社会人の同期と比べれば貯金しているほうだと思うんだけど、最近彼に「貯金の話ばかりだな」と言われました。そういえば、お金が出るのがいやだからって、映画とか食事とか、友達からの誘いを断っていたら、ぜんぜん誘われなくなってきました。確かに貯金は増えているけど、なんだか世界が狭くなったような気も。お金って使ったほうがいいのかな？

周りの人間を満足させられるかどうか
そんなところにも成功の鍵が落ちている

◎社員の海外旅行は必要経費

金の使い方がわからないっていうのはさみしいな。金は正しいところへまけばドンドン増える、こませのようなものなのに。

俺の会社はうらやましがられる環境だよ。土日休みで残業、ノルマはなし。そのうえ給料はたっぷりもらえる。誰か一人休んだ日には、昼はみんなで豪勢《ごうせい》に食事をとるんだ。こうすると休むやつがでてこないだろ。なかには、「自分の家にいるよりも、工場にいたほうが楽しい」って社員もいるくらいだ。

江戸っ子だから、当然宵越《よいご》しの金（その日に得た収入はその日に使い果たす。将来の事をくよくよ考えない江戸っ子気風《きふう》のこと）は持たない。うちの女房がお金の管理をしていて、俺のことを「あいつに渡すと使っちゃうから、渡さないでくれ」っていっているくらい。確かにあれば使っちゃうな。だって、そのためのお金だろ。**こませをまかなくちゃ魚は釣《つ》れないんだよ。正しいところにお金を使えば、さらに大きくなって戻ってくるんだ！**

社員旅行だってそう。うちの場合、社員とその家族、近所の時計屋まで連れ立って、20人以上になる。それでビジネスクラスで海外へ行くんだ。税金として持っていかれちゃうより社員旅行を豪華にしたほうがいいだろう？　みんなに喜んでもらえるし。

いつも行くのは開発途上国ばかり。普通、社員旅行っていうと、遊んで帰ってくるだけだろう？　うちの場合は、途上国で一生懸命働いている人たちを見て帰ってくるわけだ。貧しい国では、クビになったら大変だからね、みんな一生懸命働いている。そういうのを見ると、「日本に戻ったら、俺もがんばって仕事をしよう」っていう気持ちになるんだ。**ただ楽しむだけの社員旅行なんて意味がないよ。そこから自分たちなりに、何かを感じてこないと。その必要経費と考えれば、安いもんだよ。**

旅行先では仲が悪い人同士を同じ部屋に泊まらせたりする。そうすると、不思議と仲良くなるんだ。こいつ、こんなところがあったのかと気づく。それでみんな仲良くなって帰ってくる。仲が悪いっていったって、誰かが悪いわけじゃないんだから。それを理解させるために、豪華な社員旅行に出かけるんだよ。そうすると職場の士気《しき》も上がるってもんだ。

◎トップが独裁者でないと、いいものは出来ない!

普段は、やっぱり俺がオーナーだから、社員をよく見るようにしている。まじめに仕事をしているかどうか、俺が判断するんだ。大企業の雇《やと》われ社長じゃこうはいかないよ。

俺の持論に、「トップが独裁者でないといいものができない」っていうのがある。それは企業だって同じだ。今はみんな、トップは雇われ社長だろ? **サラリーマン社長っていうのは、責任を取りたがらないからダメだ。責任をみんなで分散しようとして、会議ばっかりやっているじゃないか。社員に「こうやってやるんだ!」って言うのを見せられないようじゃ、社長失格だ**

と俺は思う。

大会社には頭のいい人はいっぱいいるし、すばらしい機械もある。だけど、モノづくりをする上での心意気みたいなのが欠けていると、「できるのにやらない。責任取りたくないから」って話になるでしょ。もし失敗したら左遷《させん》されるという恐れがあるから、みんなで固まって無難《ぶなん》なことをしていればいいやってことになっちゃう。**日本にはいつの間にか、「やらないほうがいい」っていうふうなシステムができあがっちゃったね。１０００円の電卓を買うのに３つも４つもハンコがいるような会社に、いいものが作れるわけがないよ。**

だって経営者が資金繰《ぐ》りで走り回っているようなところに、注文をだしたいと思うか？人間関係だってそれと一緒だよ。必要経費なら使わないと。

Q18

the most important thing for one's life

◎就職するならやっぱりハイテク企業でしょう

私はまだ高校生ですが、大学院まで行って、最終的にはハイテク産業の大手企業に就職したいと考えています。だってハイ・テクノロジーを扱う仕事ならこれからどんどん伸びて行くだろうし、がんばればがんばるだけ成果となって表れそう。ローテクがもちろん必要だってことはわかるんだけど、やっぱりどんなジャンルにしても、これからの日本を引っ張っていくのはハイテクなんじゃないでしょうか？ 私の考え、違いますか？

ハイテクがすごいだなんて言うなよ
さらにすごいのはローテクなんだから

◎これ以上、変わらない。それを「雑貨」という

45年前、ある大手電機機器メーカーから頼まれてマイクの網(あみ)を作ったことがある。それまでは薄い鉄板に穴を開けて使っていたんだが、これだと人の話す声が60％くらいしか拾えないらしい。その会社は技術屋の気質を持った会社だから、もっと音を拾えて、なお か

つ音質もいいマイクを作りたいと考えていた。それで試しに穴の開いた鉄板を網に変えてみたら、96%の音を拾えるようになり、音質も向上したというんだ。だけど、いつまでたっても生産の体制が整わない。それで俺のところに「マイクにつける網を作ってほしい」といってきたわけだ。

引き受けたんだけど、完成するまでに1年かかったね。最初は鶏小屋の網を持ってきて被《かぶ》せてみたんだが、網目の太いところや細いところが出てしまい、どうしてもばらついてしまう。これじゃ音も安定しない。それに気がつくまでに、まず3ヶ月かかった。そして、「鍵《かぎ》になるのは型じゃない、編み方なんだ」ということに行き着いたんだ。

それで網屋さんへ足を運んで、職人の親方に、普通より15〜20%くらいテンションを強くした網を編んでもらった。それをマイクに被せると、きれいにおさまり、まばらにならなかった。なるほど、これで決まりかと思ったよ。**みんなが学校やカラオケで使っているタイプのマイクが誕生した瞬間だ。ここまで来るには大変な苦労をしたけれど、アイディア次第でこの技術の応用が可能になった。ラジカセのスピーカーにかかっている網も、この技術から生まれたんだよ。**

この網は、自動車製造にも活かせるってことに気が付いた。ガソリンのストレーナーに網を使ってみようってことになったんだ。それまでのストレーナーは網じゃなくって紙を加工したものだったんだけど、今では網のストレーナーが一般的になった。なぜならストレーナーの形はここで完結していて、これ以上変わりようがないからね。こういう完成した形をなんていうか知ってるかい？　誰でも知っている言葉だよ。

それは、「雑貨」っていうんだ。

◎雑貨を馬鹿にするやつは成熟を知らない

以前、別の電機機器メーカーの研究所で講演をしたことがあった。そこでいろいろな話をして、最後に前出の雑貨の話をしたんだ。講演が終わって、控え室でお茶を飲んでいると、その会社の中国担当の役員が俺のところにやってきた。そして「岡野さん、今日はものすごくいいことを社員に聞かせてくれました」っていうんだ。「何の話？」ってたずねると、「雑貨の話ですよ。僕も雑貨について社員に話したかったんです」って言うじゃないか。

何がそんなによかったのか聞いてみると、「岡野さん、中国語で雑貨ってどう書くか知っていますか？　**中国語で雑貨とは、『完成された技術』と書くんです。**これ以上変わりようがない技術という意味を持っているんですよ。中国の南のほうでは『成熟した技術』とも書くそうです」と教えてくれた。

ああそうだ、そういうものなんだって思ったよ。みんなが使っているメガネや服、靴だって、みんな雑貨だ。**そもそも、雑貨ほど基本的なものはないんだよ。半導体だハイテクだってもてはやされているけど、あれはまだまだ未熟なもので、これからどっちへ行くのかわからない。進化してゆく、完成されていないものなんだ。**だから完成品である雑貨はローテクだって馬鹿にされがちだけど、本当はすごいものなんだ。

◎「雑貨」を作ることが、どうして大切なの？

「雑貨」が完成された技術だっていうことはわかりました。でも最先端を追わないと、日本の技術は国際社会で生き残っていかれないんじゃないかなという不安が残ります。雑貨が完成された技術であるなら、もう過去に出来上がってしまっているのでしょう？　だったらそれを踏み台にして、ハイテクのものを作ったほうがいいのではないですか？　どうして最先端のハイテクよりも、過去に完成してしまった雑貨のほうがすごいんですか？

最先端のものばっかり追いかけていると基本的なものが作れなくなってくる

◎深絞りという地場産業の技術

さっきの雑貨の話だけど、まだ続きがある。生意気《なまいき》な野郎がいてね。雑貨を作っているというと、「そんな老弱《ろうじゃく》なもの作っているんだ」って笑うんだ。そいつに言ってやったよ。「バカヤロウ、老弱なんかじゃねぇぞ。今はその雑貨を作れるやつが、少なくなってきているんだよ。今はごく当たり前のものが、この先作れなくなっていくんだ」ってね。

俺のやっている深絞《ふかしぼ》りという技術は、1枚の金属の板を円筒形に絞るもの。板をプレス機で何工程《こうてい》も抜いて、絞ってゆくんだ。携帯のバッテリーケースやライター、口紅なんかを作る方法がそれにあたる。

昔はうちの周りにはそういう町工場が多かった。深絞りという技術そのものが、ここの地場《じば》産業だったんだ。こういう深絞りをやるところは、九州にも北海道にもない。大手の化粧品メーカーが近くにあったからという理由もあるんだけど、墨田区、江東区、江戸川区が産地なんだよ。

例えば小遣いを入れるがま口ってあるだろう。がま口の口部分を作れる職人が減っているって知ってるかい？　あの閉《し》めたときの「パチン」という音は、ただ鳴ればいいってわけじゃない。力のないおじいさんやおばあさんでも軽快な音をたてて閉められるように作られているんだ。そういうものを作るには、実は努力と技術の積み重ねが必要となってくる。だけど今はこういったものを作る工場が少なくなった。淘汰《とうた》されたんじゃない、跡取《あとと》りがいなくなったんだ。そういう職人がいなくなってきているから、どんどんチャックの小銭入れや樹脂《じゅし》のボールペンばっかりになっちゃうんだよ。

◎コンピュータ以外でも、すごい技術がある日本

俺の親父は橋の欄干《らんかん》にあるギボシ（擬宝珠）を深絞りで作っていたが、俺はこれを作れない。親父に教わる前に死なれちゃったんだ。だから、もう誰にもできないんじゃないかな。そういうふうに、消えていってしまう技術もあるんだよ。

こういうふうな、何が大切か、何が難しいのかをわかる人もまた、減ってきているんだよな。**昔のコンパクトもライターも、みんなパチンと気持ちのいい音が鳴る。あれが完成された品物なんだよ。ああいう雑貨を作るのは簡単だってみんな思っているみたいだけど、これはローテクではなく実はかなりのハイテクなんだ。**

「こっちのほうが簡単でいいだろう」って安易に樹脂に移っちゃって、ある日金属の素晴らしさに気がついても、すでに金属を加工できる技術者はいなくなっちゃってるかもしれないよ。

最先端の技術ばっかり追い求めてないで、一度戻って考えてみな。コンピュータの分野以外でも、日本にはすごい技術がいっぱいあるんだから。

右・岡野さんの父銀次氏。左・岡野さんの奥さまのユキさん。

岡野氏の父が作ったギボシ。「俺にはいまだに超えられない親父の技術だ。もう誰にもできないんじゃないかな」と言う岡野さん。

◎会社を立ち上げたい。そして大きくしたい！

僕は社会人ですが、5年くらい経ったら、自分の会社を立ち上げようと思っています。スタートは僕と友人の2人だけですが、いつかは100人規模くらいまで育て上げたいと思っています。まぁ、その前に続けるのが大変だと思いますけど（笑）。だけど岡野さんの会社は社員が6人だとか。みんな会社を大きくしようと躍起《やっき》になっているのに、小さい会社でいることのメリットってあるんですか？　人をどんどん雇えば、業務も楽になるんじゃないですか？

6人という小ささを維持するのは会社を大きくするよりも大変だ

◎俺は「社長」でなくて、「代表社員」

まず断っておきたいのは、俺の役職名は「社長」じゃなく「代表社員」だってこと。名刺にもそう書いてある。

昔、親父の後をついで俺が社長になったときのこと。群馬県のとある会社に品物を納品しに行ったんだけど、時間が遅くなっちゃった。工場には誰もいないから、社長の自宅へ直接行ってみたんだ。そうしたら奥さんが出てきて、そこのすし屋にいるからのぞいてみてって言うんだ。それですし屋の戸を開けて「社長いる？」って聞いたら、カウンターに座っている人全員がこっちを向いた。そう、カウンターにいたのは全員社長だったんだ。

それを見てなんか嫌になっちゃった（笑）。それで、こうなったら俺は社長と名乗るのをやめるんだと決め、代表社員という役職を作ったんだ。まったく、笑い話みたいだよな。

だから今でも、**俺は経営者の集まりには入らない。イワシやアジのように群れる魚ではいたくない。そんなところに入ったって、なんの利益もないよ。俺はサメかマグロ。群れは作らずに、1匹だけで泳いでいたいんだ。**

◎自分の目の届く範囲で生きる

うちの会社はたった6人の従業員でまわしている。俺がちょっとした山師《やまし》で、100人や200人体制で運営しようと思ったら、明日からだってできるだろう。だけど俺はそうはしない。６人の体制を守っていくことに決めている。

どうしてか？　そりゃ世間では会社を大きくすることイコール成功だと思われているだ

ろう。常識で考えると、上場《じょうじょう》企業や最大手《さいおおて》の企業と取引を行うようになれば、会社を大きくしようと考えるよな。

だけど腹に脂肪を蓄えて、メタボリック症候群になりそうなオヤジがスリムになるのが難しいように、会社だって一度大きくしてしまうと昔の体型に戻るのは大変なんだよ。

いってみればそれがうちの経営方針。腹が出ないように、若いころの体型にとどまるように、会社の体質が太らないようにしているんだ。体型維持のためには運動したり食事を考えたり、努力が必要だろう？　会社も同じ。6人を維持しているっていうのは、実は大変な努力が必要なんだ。

会社をでかくするのは簡単さ。1人、2人と従業員を増やせばいいんだから。だけど俺はそういうふうにはしたくない。

今、俺は岡野工業のたったひとりのオーナーだから、気に入らないことはやらないで通せるだろ。やらないことはやらない主義のままでいられるんだ。だけど会社が大きくなると、社員の立場なんかも考えて、取引先のどうしても飲めない話も飲むようになってしまう。そうしていくと、だんだん利益が上がらなくなっていくんだ。

それ以外の理由もある。例えば仮に俺が大企業の社長になったといっても、1回で食べられるご飯は1杯までだろう？　もしも会社を大きくして、ご飯がもっと食べられる体質になるのならば大きくしたっていいよ。でも、大企業の社長でも俺なんかでも、ご飯を1杯食べればおなかいっぱいになるだろう？　**いくら会社を大きくしたところで、人は一度しか生きられない。その人生ならば、俺は自分の目の届く範囲で、自分のために生きたいと思う。**

◎恐竜と蟻んこ、どちらが先に倒れるか？

そのほかにも小さいことのメリットはある。金型からプレスまでの一切を含むプラントを開発するのが俺の仕事だ。すべての工程を自分の目で確かめて、ちょっと不具合があったりするとすぐに対応できるというのはとても大切なことなんだ。最初の工程から最後の工程まで、すべて自分の目でチェックして、把握《はあく》することができるんだよ。大きな工場だったら、こんなことはまず無理だ。工場が小さいからこそ、できることっていうのもあるんだよ。

それにね、依頼された仕事の自動化ラインができあがって、量産する体制が整ったとするだろう？　この業界の常識だと、プレス屋がそのプラントを使って製品を作り、1個いくらで企業に売るんだ。だけどうちはたった6人の工場だ。たとえ競合相手がいない仕事だとしても、その製品を作ることに人員を割《さ》いてしまうと、他の仕事ができなくなってしまう。社員が量産の仕事に手一杯になっている間に世の中の技術はさらにすすんで、いざその仕事がなくなったりしたら、俺たちに戦える駒《こま》が残っていないことになってしまう。だったら潔《いさぎよ》くそのプラントを売り払って、新しい、誰もやったことのない仕事に時間を費やしたほうがいいだろう？　**こうやって新しいことを追いかけていれば、いつまでも「いちばん」でいられるんだぞ。**

もっとはっきり言うと、開発したプラントを売っても、他の会社がそれに追いつく前に、さらに新しいものを開発できる技術がうちにはあるんだ。たった6人の会社だが、決して追いつかれたりなんかしないよ。

考えてもみなよ、恐竜《きょうりゅう》と蟻《あり》んこ、どっちが先に倒れると思う？　恐竜はすぐに倒れるけれど、蟻んこは倒れねぇぞ。何百人体制の会社と6人の会社だって同じことだ。それが俺の理論なんだよ。

今のような6人体制で、「明日は東京湾で釣りでもしに行こうか」と話す。ずっとそんな会社でいたいねぇ。

Q21 Question
the most important thing for one's life

◎一生ヒラ社員で終わる場合もあるでしょ？　なにが違うの？

世の中には、それほど苦労せずに成功をおさめる人と、頭がよくて一生懸命働いているのになかなか光が当たらなくて、ヒラで終わる人がいますよね。「それがその人の運なんだ」といってしまえばそれまでだけど、運のほかにも何か違いがあるんでしょうか？　僕は将来、自分の店を持ちたいと考えているのだけれど、すぐにつぶれたりしたら嫌だと思います。その違いがわかったら、僕も成功できるんじゃないかと思ったので、ぜひ教えてください！

世の中のカラクリをよく知って もっと自分に投資するんだ

◎俺が世界一の職人になった秘訣

小説家でも音楽家でも絵描《か》きでも、生きている間は見向きもされないで、死んでからその作品が脚光《きゃっこう》を浴びる人がいるよね。俺に言わせれば、死んでから有名になったって何の意味もないよ。生きている間は食うや食わずで絵を描いているのに誰も買ってくれなくて、死んでから何億円という価値をつけられたって何にもうれしくないだろ？　生きている間に認めて、何億円もくれって言いたくなるよな。

実は世の中にはカラクリがある。まじめにやっていても報《むく》われない場合もあれば、俺みたいなやつでも有名になったりする。そういうカラクリだ。

サラリーマンは儲からないって何度も言ってるけど、原因のひとつに、自分に投資《とうし》していない、っていうのがあるよな。ノルマやルーティンをこなすのに一生懸命で、自分を成長させることを何一つしてない。サラリーマンだって腕に職をつけろ。そうすれば俺みたいに、70過ぎても現役で働けるようになるよ。

よくインタビューで「世界一の職人になった秘訣はなんですか？」と聞かれる。世界一かどうかはわからないけど、俺はそんな特別なことはしていない。あえて言うなら、いかに失敗という月謝を払うかだな。みんな失敗しないように慎重になっているけど、失敗がなければその先の成功もないんだよ。

俺も若いころは、人に騙《だま》されることもよくあった。企業から相談を受けて解決法を提示すると、そのアイディアだけを盗まれたりね。だけどね、騙されても、ただ騙されたってわけじゃない。騙されたことによって技術も覚えるし、世の中が目指している方向も見える。そうやって経験を積んでいけばいいんだよ。**転んでもタダでは起きないという精神でいれば、失敗さえも貴重な仕事になってくるんだ。**

だけどね、騙した会社との取引は絶対にしない。人を騙すような会社はお断りだよ。後々、必要な部品を作れる人が見つけられなくても、俺は動かない。そして、そういう会社は業績が悪くなったところが多いな。それも世の中のカラクリのひとつなんだよ。

◎お金が儲かるカラクリ

自分への投資についてもうひとつ。俺の会社は正直儲かっている。儲かっているから1年に3回社員旅行へ行く。社員は6人だけど、家族やお得意さんも連れて行くから20～30人ほどの旅行になる。そうすると、みんな楽しんで満足して、さらにいい仕事をしてくれるようになる。つまり、**お金はまかなくちゃ入ってこないものなんだ。儲かっているのなら溜《た》め込まないで、みんなが喜べるように使う。そうするとそれが呼《よ》び水《みず》のようになって、またお金が入ってくる。**それも、世の中のカラクリ。

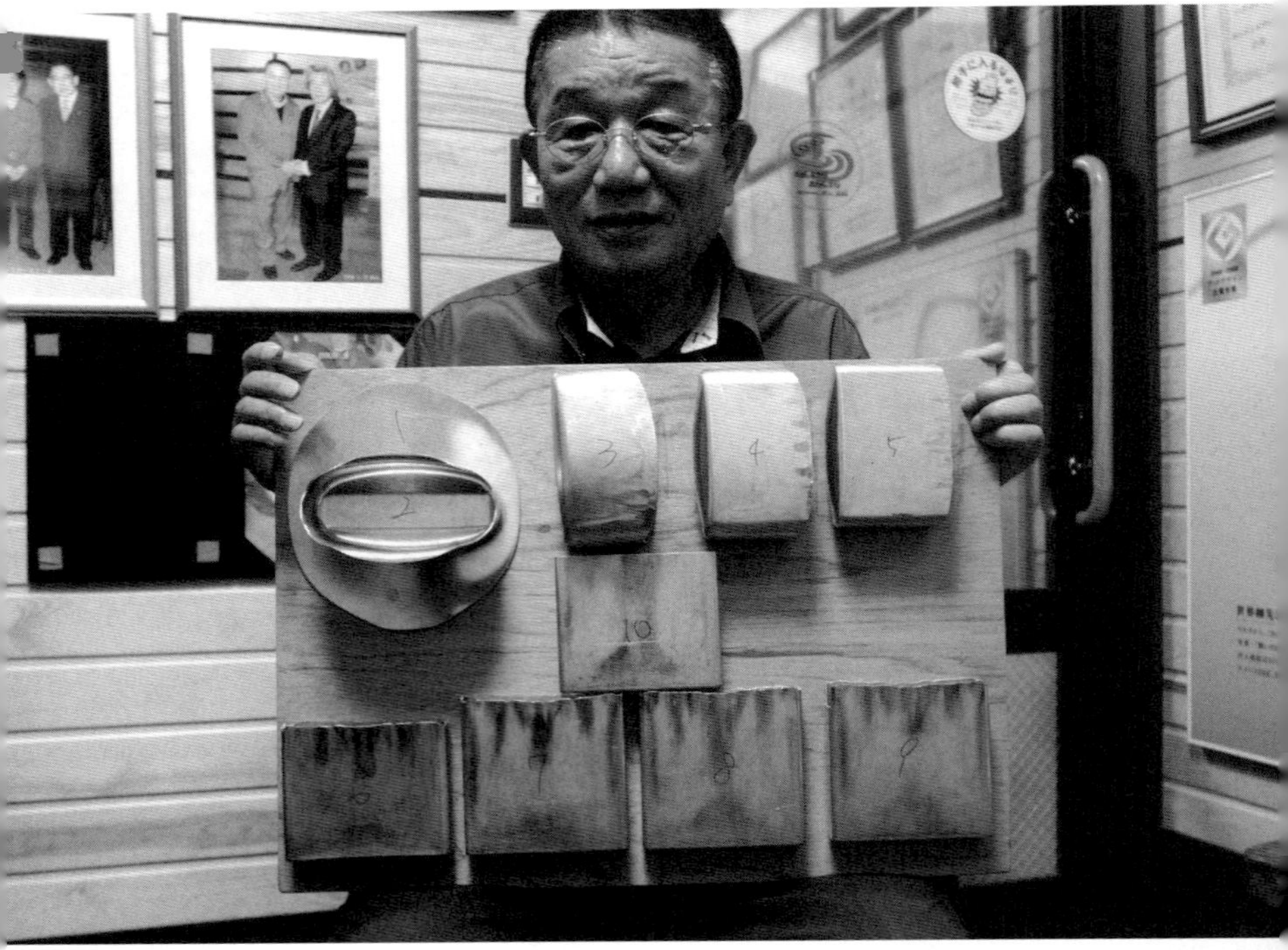

トヨタプリウス・蓄電池ケースの製造工程の順番を説明する岡野さん。

4章

「成功するためのプラスα」がわからないキミたちへ！

the most important things to succeed

the most important things for your life

the most important thing for one's life Q22 Question

◎失敗せずに成功したい

失敗するのはかっこ悪い！　失敗なんてしたくないです。すべてをスマートにこなして、あたりまえのように成功して、転落することなく、ずっとその場所にいたい。僕は今まで、そういう人生でした。受験にも失敗したことないし、欲しいものもすべて手に入れています。でもそれって、甘い考えでしょうか？

失敗がないということは経験がないのと一緒だ

◎苦しいからこそ仕事は楽しい

俺にしてみれば、失敗を避《さ》けて通るような生き方をしているやつはスマートでも何でもない。よっぽど格好《かっこう》悪いよ。

俺にとっての仕事は、生きがいそのものだ。今年で74歳なんだけど、辞めようなんてまったく思わない。今は「痛くない注射針」を生産する機械も開発したし、新しいことを始めずに左うちわ（生活の心配がなく、楽に暮らすこと）で暮らすこともできるけれど、そうすると生きがいが

なくなっちまう。

何でそんなに仕事をしたいのか。働かないで、楽をして儲けようと思う人には理解できないかもしれない。仕事にはいつだって面倒なことや苦しいことがつきまとうからね。

確かに開発するのに時間のかかる、もしくは成功するかどうかわからない依頼はすべて断って簡単な仕事ばっかりやっていれば、ラクで効率もいいだろう。だけどね、面倒で苦しいからこそ仕事っていうのは楽しいんだよ。だから俺は昔から決めているんだ。誰にでもできる仕事はほかをあたってもらう。うちの会社ではやらない。

だいいち、仕事をするのなら失敗は避けて通れないだろう？　成功するまでに何回も失敗するのは当たり前のことなんだよ。「失敗するのが嫌だ、怖い」なんて言っていたら、その先に成功があるわけないんだ。絶対に失敗しない仕事ばかりやっていたら、新しい技術が身につくわけがない。そういう会社は、気がつくと世間の技術の進歩から取り残されてしまう。仕事がこなくなって、会社はいつまでたっても伸びなくなるんだ。

◎痛くない注射針、もう一つの秘話

俺は若いころ、遊んでばっかりいた。しかも戦争があったから、あまり学校にも行けなかったんだ。だから学歴は小学校卒。親父の金型屋で働き初めて、その後親父の反対を押し切ってプレスも始めたけれど、いつも仕事が安定していない絶体絶命の状態だった。それでもいつも目の前には仕事があったから、「今日はやる気しねぇな」なんて言っていられない。とにかく仕事をこなすしかなかったんだ。

それに学歴がないぶん劣等感もあるだろう？　だからなおさら、大学卒や大学院卒のやつらに負けられないと思った。それは今でも俺の原動力になっているよ。テルモから痛くない注射針の依頼を受けたときに、最初「これは無理かもな」とも思った。だから学者に可能かどうかを相談してみたんだ。そうしたらその学者、「これは物理的に不可能です」っていうじゃないか。**普通なら「学者が理屈で無理っていうから、これは無理なんだ」と思うだろう？だけど俺はそれを聞いて、やってやろうじゃないかと思ったね。尋常高等小学校中退の俺が最高学府の学者の言葉を打ち破ってやるんだ。もし本当に痛くない注射針を作ることに成功できたら、こんな痛快《つうかい》なことはないだろう？**

そんなわけで、俺はテルモの依頼を受けることにした。もちろんここから大変な苦労と失敗の連続が始まるんだけれど、もし学者の頭でっかちな言葉に従っていたら、痛くない注射針は今でも幻のものだっただろう。

◎研究のためのお金の使い方

お金の使い方について質問させてください。僕は工学部の大学生なのですが、研究のためにどうしても欲しい機械があります。だけど、正直、高いです。親に言ったら「学生の分際《ぶんざい》でそんなもの必要ない」と大反対されました。でも、この機械はこれからもずっと使っていけるんです。こんなとき、どういう考え方をすればいいでしょうか？　あきらめたほうがいいのかな。

研究に費やすお金と時間はケチったりしたらダメだ

◎本を見ながら勉強しろ、の教え

うちの親父は腕のいい金型屋で真面目な男だったんだけど、子どもっていうのはどうも親を尊敬できないようにできているんだよね。俺もそう。親父のところで仕事をはじめたんだけど、親父よりももっと腕のいい職人がいるんじゃないか、そういう人のところで習いたいとずっと考えていた。特に、取引先のプレス工場の社長に、冷間鍛造《れいかんたんぞう》っていう方法で作った部品を見せてもらったときには驚いたね。ドイツではすでに実用化されている技術なんだけど、ものすごく精密な部品を作れるんだよ。

そのことを親父に話しても、堅実《けんじつ》なやり方をする親父は「夢みたいなことばかり言ってるな」と歯牙《しが》にもかけないんだよ。まったく、頭にくるね。

だけどこれは他の誰もやっていないことだ。人のやらないことなら、俄然《がぜん》やりたくなる。

ある日、とある大手企業の会長に「うちの親父はどうも頼りない気がするから、うちを飛び出して、どこかほかで苦労して、修行したいと思っているんです」と相談した。そのおじいさんは「お前、罰当《ばちあ》たりなことを言うんじゃない。苦労なんていうのはお前が望まなくっても、向こうからやってきてくれるもんなんだから」と言う。

俺は納得できなくて「それじゃ技術なんて覚えられないじゃないですか！　親父の技術には限界があるんです」と言うと、会長は「お前ね、何のために本があるんだい。本を見ながら勉強すればいいじゃないか」と応えた。

その人は、丸善へ行けばプレスベンダーという1万2500円の洋書があるということを教えてくれた。それを自分で買って勉強しろと、こう言うんだ。

「だけど俺は英語もドイツ語もわからないよ！」と訴えたら、「なーに、お前くらいにな

「洋書（ドイツの『プレス便覧』）は読めないけれど、イラストと図面が載っているので、40年近く経った今でも、時々目を通す」という岡野さん。

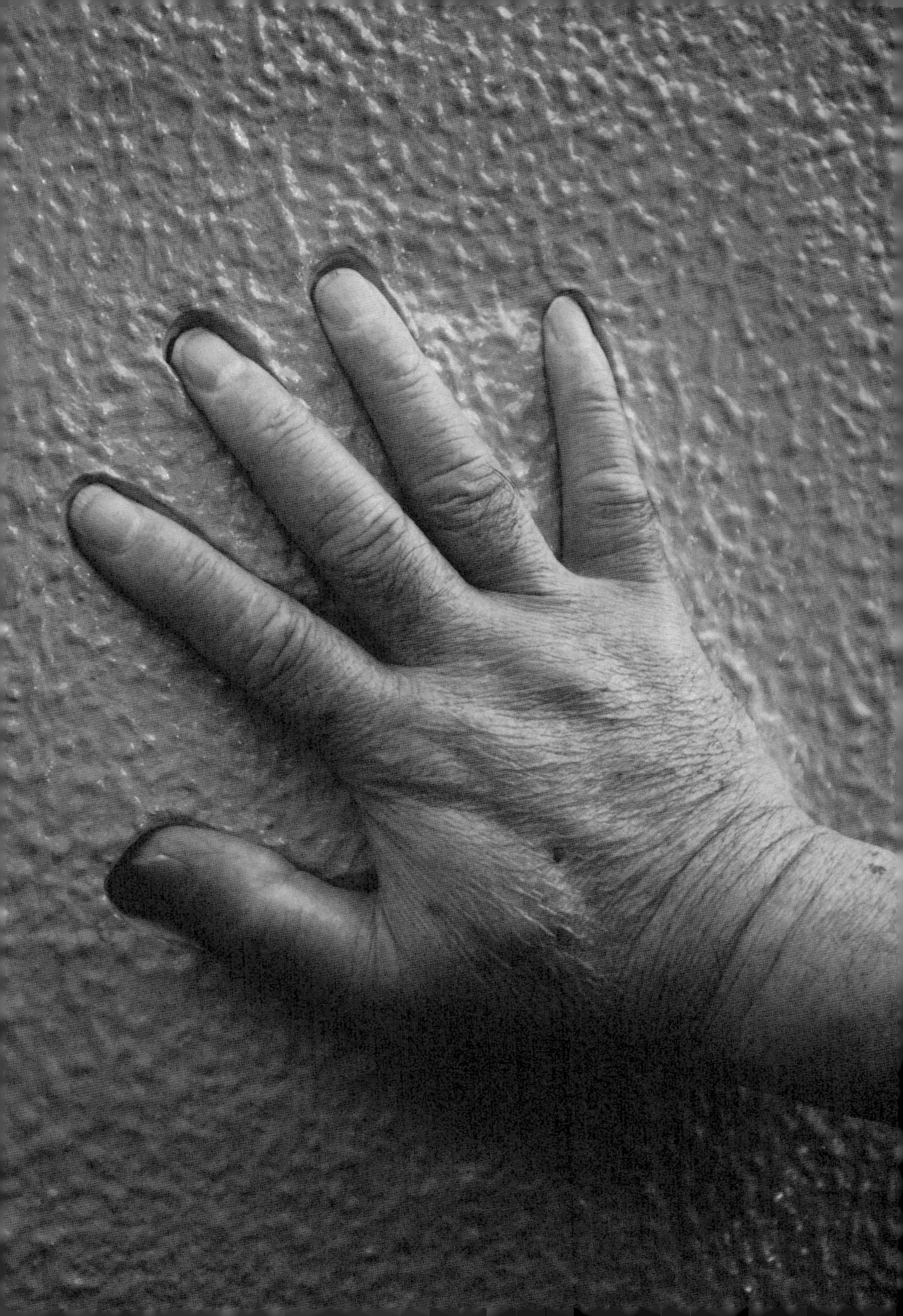

れば、たとえ書いてあることがわからなくても、絵や図面を見て何とかなる。研究しなさい」と。

俺はその本を買った。当時の1万2500円といったら、大卒の初任給と同じくらいの大金なんだよ。

そうしてその本を開いてみると、びっくりしたねぇ。面白いんだ。それで「冷間鍛造っていうのは面白いものだぞ」と確信した。そのころはまだ親父のスネかじりだったから、

その本の通りにいろいろ作ってみて、自分でも研究してみたりした。なかなか品物ができなくてね、うんざりするほど失敗したよ。もういい加減イヤになるころ、あるキッカケで潤滑油を変えたら成功した品物が1個できた。それまで何百回何千回やってもできなかったのにいきなりできちゃったから、最初は信じられなかったね。だけどすぐに「できた!」と気づいて大喜びしたよ。その結果、今じゃ冷間鍛造の技術日本一とまで言われるようになった。

冷間鍛造をマスターすることで職人としてステップアップできると思ったけど、それは現実のことになったんだ。

今は1枚の板からじゃない、冷間鍛造で作ることが多い。塊《かたまり》を置いてドーンとプレスす

ると、1工程で製品ができてしまうんだ。携帯電話のアルミケースも1工程でできちゃう。ただ難しいから、他の人にはなかなかできない。だから仕事がうちに来るんだ。

冷間鍛造は熱を加えて加工する熱間鍛造とは違い、温度変化がないので誤差《ごさ》が出にくく、精密なものを作るときに適している。だから俺がやるのは、もっぱら冷間鍛造だよ。

生命線は金型と潤滑油。油に関しても研究に研究を重ねて、最良のものを見つけるんだ。市販されている油にいいものがない場合は、スイスから原料を取り寄せ、自分でブレンドしているよ。ワインと同じでぴったりのものを見つけるのはなかなか大変だけど、うまくいかないときには、どこかにおかしい点があるはずだ。型が悪いのか、材料が悪いのか、それとも潤滑油なのか、それをまず見極める。ここであきらめたら、すべて終わっちゃうんだよ。

◎雅行という名の姓名判断

ところでこのおじいさんは、とても面白い人だった。大企業のトップを務めた人で、姓《せい》名《めい》判断が得意だった。**あるとき「雅行《まさゆき》という名前の欠点は2つある」と言い出した。**曰《いわ》く、

「ひとつ目は貫徹《かんてつ》しないこと。ゴールを目前にして走るのをやめてしまうんだ。だから、これからは必ずゴールするまで走るんだ。もうひとつは、開《あ》けっ放しでどんどん進んでし

まうということ。前へ進んだら後ろを閉めるんだ。この2つを覚えておけば、君は成功するよ」。

それからこうも言った。「成功して富や地位を手に入れても、別荘と妾《めかけ》は持つな。一生維持できるわけがないんだからな」。

ナルホド、粋《いき》なことを言う人だ。バブルの時代にも別荘や船を買って、結局維持できずに手放す人をたくさん見てきた。だけど、この言葉のおかげで、おれは余計な出費をせずにすんだよ。

お金の意味のある使い方を見極《みきわ》める。この教えは、今でも俺の中にしっかりと生きているよ。

the most important thing for one's life Q24 Question

◎独立するために一つのことに秀でていればいいの？

将来、独立希望です。旅行を企画する会社に勤めていますが、いつかは自分で小さな会社を立ち上げて、大量販売のためでない、自分の本当にやりたい良質な企画を打ち出せていけたらいいと思っています。その夢を実現させるために、会社員である今からできることって何ですか？

ひとつの技術だけでは独立できない 専門外のことも考えるんだ

◎なぜ、大企業の人は独立ができないのか

会社にいるときから独立を考えているのはいいことだな。応援するよ。

そういえばこの間、金型の職人がテレビに出ていた。大企業で働いている技術屋さんで、技能オリンピックで金メダルを取るような人だ。金メダルを取るような技術を持っているわけだから、その会社では重宝《ちょうほう》がられているんだろう。

金メダルを取ったのは研磨《けんま》の技術でなんだけど、そのピカイチの技術で明日から独立して自分で商売を始められるかって、できるわけがない。研磨の技術がいかに優れていようと、飯《めし》を食っていけるわけがない。研磨以外のこともできないようでは、独立することができないんだ。

大手っていうのは、そうやって特化《とっか》した専門的なことばっかりをやらせる。お前は研磨専門、お前は型専門、お前はマシン専門、お前はワイヤー専門。そうやって1行程ずつを専門の職人に作らせて、最後にひとつの製品を組み立てるわけだ。だけど、ためしに1から9まで全部の工程を一人にやらせてみな。たちまちひとり立ちできる技術が身について、どんどん独立していっちゃうよ。

俺の会社はすべての工程を一人でできるようにしてある。だから大企業に勤めていた職人が退職後にうちで、働きたいと言っても、俺に言わせればぜんぜん仕事ができないと思うよ。ひとつのことしかできないんだもん。大企業にいる人はだいたいがそういう人だな。

だけど企業もちゃんと考えて、そうしているんだよ。だって全部一人でできちゃったら、たちまち技術を持っていかれて独立されちゃうもんな。だからもしも君が大企業に入って独立したいのならば、自分から学んでいこうと人一倍の努力をしないと。

俺のところへ来た娘婿の縁本《えんもと》も、昔はニコンで働いていた。やつがうちで働き出してからわかったんだけど、やつは基本的に技術屋だが、経営だとか管理だとか、いろいろなマネージメントが総合的にできるんだ。何でなのかなと思って聞いてみたら、自ら希望を出して、数年ごとにいろいろな部署を渡り歩いていたらしい。工場の製造はもちろん、生産管理、検査……。つまりやつは「いつか独立しよう」と考えて、さまざまな部署で働いて、ノウハウを吸収していたんだ。まったく、すごい男だよ。

the most important thing for one's life

Q25 Question

◎日本の技術って、世界的に見てどうなんですか？

日本のハイテク産業はある程度は注目されていると思うのですが、ローテクについてはあまりニュースなどでやらないせいか、技術的な位置づけがいまいちわかりません。日本のローテクって、必要とされているの？

日本の金型技術は世界一 ずっと継承してほしいねぇ

◎技術があれば、生涯現役

技術があればずっと現役。死ぬまで飯《めし》が食える。だけど技術はどんどん進歩する。だから先を見ていないと。

昔は東京・下町にはこういう工場がいっぱいあったんだ。ここはそういう町なんだ。ガラス屋さん、プレス屋さん、ヘラ絞り屋さん、それにうちの親父のような金型屋さん……。ここら辺の地場産業だった。今でこそ「深絞りは難しい」ってみんな言うけれど、よく考えてみてくれ、**昔は深絞りの技術を使った製品がたくさんあった。俺がうちの親父に習ったこ**

ろには、ごく当たり前の技術だったんだよ。

例えば口紅のケース、ライター、ボールペン。以前はみんな金属だっただろう？　それが簡単だからって理由で樹脂にとって変わられてしまった。ライターだって、昔は1個数千円の金属のものを大切に使っていたのに、今じゃ1個100円、2個100円のプラスティックのものに変わってしまった。

需要が減るから供給も減る。どんどん職人がいなくなり、儲からないから跡取りもいなくなり、いつの間にか深絞りは難しい技術になってしまっていた。

だけど実は、ハイテク産業を支えているのはローテクだと思われている部品なんだ。その部品を作る人がいなくなるってことは、どういうことだかわかるか？　理論上ではできるものでも、技術がないばっかりに作れなくなってしまう。

今はチタンを深絞りして、加工している。海のセンサーに使うんだ。鉄はもちろんステンレスも腐ってしまうけれど、チタンなら大丈夫なんだ。だけどチタンは硬いから加工が難しい。できる人が少ないんだ。そういった海外からの注文が増えているよ。

深絞りが再度注目され始めたころ、頭に来る出来事があった。俺が深絞りで作ったある製品を、立体商標登録したいと言ってきた会社があったんだ。俺は「ふざけんじゃねぇ」

って怒ったよ。だって、こんなのはうちの親父の時代からやっていることだ。樹脂ばっかり使って金型を衰退させたくせに、また金型が必要となってきたときに「この絞りは他の会社ではやってはいけない」なんて、とんでもねぇ話だよ。こんな絞りは明治・大正のころから日本にあるんだ。向島の地場産業なんだよ。

そうやって、**他人のふんどしで自分だけ儲けようっていうずるい考えが、大会社にはあるんだよな。**

日本の金型の技術って言うのは世界一だ。それもこの下町に集中している。それを誇りに思ってほしいよ。

the most important thing for one's life
Q26 Question

◎ローテクは海外に発注されちゃうんじゃないの？

岡野さんのおっしゃっている、ハイテクは山のものとも海のものともわからないっていう意見、とてもよくわかります。私も、日本が培《つちか》ってきた伝統的な工業を継続させるため、ローテクに目を向けていかなければならないと思います。でも、現実問題として、いわゆるローテクが必要な産業は海外に流れていってしまうのではないでしょうか？

ハイテクの時代はもう終わった　これからローテクが熱くなるよ

◎日本でしかできないもの

日本での深絞り産業が減ったのには、やっぱり外国の影響もある。東南アジアや中国で、安く生産できてしまうからな。

だけど日本だって昔はそういう存在だった。アメリカへの輸出が増えて、貿易摩擦が起きていたころだね。日本の製品がどんどんアメリカに輸入されて、アメリカの製造業がピンチに陥《おちい》ったんだ。

だから俺は思う。日本にとって、こういったことは避けては通れない道なんだ。だってそうだろう？　日本だって通ってきたんだから。

それならどうすればいいのか。**俺の答えはこうだ。「それだったら、外国で作れないものを作ればいいんだ。日本の技術でしかできないものをやればいい」**

今、うちに来ている仕事のほとんどは、ほかでは作れないものを作ってくれという仕事だ。だから仕事がないなんていう悩みはまったくないね。仕事がさばききれないくらいあるよ。世の中じゃ、いろいろな製品がハイテクだっていわれてもてはやされているけれど、俺に言わせればそんなものはハイテクじゃない。だって、ピ・ポ・パってやれば誰でも作れるんだからね。誰にでも作れるものをハイ・テクノロジーなんて呼んだりしないよ。

今はローテクが熱いんだよ。もうハイテクの時代は終わった。ローテクの仕事がたくさんくるんだよ。

うちで作っているものはそんな「誰にでもできるハイテク」じゃない。ほかのどこでもできないから、高いお金を払ってでもうちでやって欲しいという仕事ばっかりだ。つまり、ローテクっていうのは、職人の個性が現れる品物なんだ。自分というブランドなんだな。だから他の人にで

きない仕事をやるんだ。

例えば、がま口の金具を作るときの閉《し》め具合、あれを最後に調整するときは「もう気持ち軽く」なんてふうに職人に伝える。数字にはできないそんな「気持ち」の部分が、いってみればキモの部分、職人の感性なんだろうな。

the most important thing for one's life Question 27

◎働くって、どういうこと？

すごく基本中の基本で恥ずかしいのですが、働くっていうことは、どういうことなんでしょうね。会社を大きくするためにサービス残業をして働いているのに、会社の業績が悪くなるとクビを切られる、そんなことが僕の身近であって、社会に出るのがイヤになっています。

働くということは生活をするということだ

◎世の中の勉強

基本中の基本ではあるけれど、働くっていうのがどういうことか、わかっているやつは少ないよな。恥ずかしく思うな。疑問に思うってことはとてもいいことなんだぞ。

働くって言うことは、生活するってこと。だって仕事をして報酬をもらって、そのお金で生活するんだから。お金の多い少ないはあるぞ。学校では成績で良い・悪いがあったけど、社会に出たら金銭的に良い・悪いが出てくるもんなんだ。だから社会に出たら、ちゃんと儲けるためにも、いつも「一番良い」をもらわないと。

社会の「一番良い」をもらうためにはどうしたらいいかわかるか？　勉強するんだよ。だけど、学校の勉強じゃない。世の中の勉強をするんだ。こういうことは、昔は親から教わってきたことなんだけれどな。

今の親は子どもを連れて外へ出なくなっちゃったよな。1ヶ月に1回でもいい、親は子どもを連れて、外の世界を見せるといい。今日はスキーへ行くぞ、今日は温泉へ行くぞって、いろいろなところへ連れて行ってやるといいんだ。そうすると子どもは「ああ、スキーってこういうものなんだな」「温泉っていうのは、こういう場所なんだ」っていうことが、身をもってわかるようになってくるんだ。

例えば夏に海に行って、足がつって助けてもらったりする。そうすると、心の中にいろいろなことが入ってくるようになる。それが人生のメニューになるんだ。前にも話したが、子どもたちがどれくらい人生のメニューを見ることができるか、それは親の責任なんだよ。親は子どもを外に連れて行って、メニューを見せてやらなくちゃ。そうして子どもは、その中から「これにしようかな、あれにしようかな」と選んでいくんだ。メニューを見せてもらえなかったら、選ぶこともできないでしょ。それでサラリーマンになりたいだなんて言うようにな

TESA
0,02mm
ANTICHOC

っちゃうんだ。

俺も、どんなに忙しくても、毎週日曜日は必ずどこかへ出かけて行ったよ。みんな日本というういいフィールドに住んでいるんだから、どんどん外へ出ないともったいないぞ。ちょっと行けば山あり、海あり、温泉ありでしょう？　こんないいところに住んでいて、それを活《い》かさない手はないよ。

◎パソコンばかりやるな！

最近はレジャーのかわりにみんなパソコンばっかりやっているみたいだけど、あれはバーチャルな、空想の世界なんだ。人を何とかしてごまかそうとしているんだ。そんなものに入り込むな。

人からいろいろなことを教わること。たくさん経験すること。腕に職をつけて、いつかは自分で独立することを考えること。それに、相手の顔も言葉のニュアンスも見えないようなインターネットは絶対信用するな。俺が言いたいのはそれだけだ。

Q28 Question
the most important thing for one's life

◎なにかひとつだけでも発明したい

玩具《がんぐ》メーカーに就職が決まっている大学生です。玩具メーカーに就職を希望したのは、これから大人をターゲットにした市場が拡大しそうだから。例えばペット型ロボットや犬とコミュニケーションできる機械、梱包材《こんぽうざい》をつぶす快感をずっと楽しめるグッズなど、これまでは考えられなかったジャンルのモノが増えていきますよね。何かひとつだけでも、自分で開発した商品がベストセラーになればと思っていますが、これって向上心としてはイマイチですか？

過去のものにしがみつくな
常に新しいものを追い求めるんだ

◎突然ひらめく！

新しいものを開発していくのはとても楽しいことだよ。誰も思いつかないようなものが生み出されるには、もうすでにある考えを一度壊《こわ》し、新しい発想のスタートラインに立つことが大切なんだ。

いつも言っている「学校の勉強ばっかりするな」というのもそこなんだ。机にかじりついて勉強していても、アイデアっていうのはなかなか浮かんでこない。

考えて考えて行き詰まって、もうこれ以上なにも浮かばないってことはだれにでもあると思う。そんな暗中模索《あんちゅうもさく》の状態から脱出するには、頭をガラッと切り替えて、ほかの事をしたり、他の環境に身を置いたりするのが効果的なんだ。どんなに考えてもわからなかったことが、突然わかってしまったりするから面白いんだよ。

モノを作るにあたり、応用ってこともできる。すでにあるものを違う視点から見たり、意外なものを組み合わせてみると、従来なかった、全く違うものを作ることができるんだよね。モノをつくることを生業《なりわい》としたいなら、この2点はしっかりと頭に入れておいてほしい。

◎技術は水物だ

さて、自分で開発したものがひとつでもベストセラーになればいいと思っているようだけど、**俺は商売っていうのは「見切《みき》り千両《せんりょう》」だと思っている。ベストセラーにしがみつかず、どこかで手放《てばな》したほうがいいと思うんだ。**

昔、ヘッドホンステレオのバッテリーケースの金型を開発したことがある。順調に開発し、2年間作り続けた。正直、相当稼がせてもらった時期だよ。この仕事のおかげでうちの仕事が軌道《きどう》に乗ったといっても過言ではないくらいだ。

儲かってしょうがなかったけれど、いつまでもその仕事にしがみついていたんじゃいけないと思ったね。そのうちどうしたって単価は下がってくる。そんなとき、どうするか。俺はその仕事をプラントごと売ってしまい、見切りをつけることにしている。だって、そればっかりやっていたら、すぐに誰かに追いつかれちゃうからね。そうなる前に技術を高め、新しい物を開発したほうがいいってもんだ。

ひとつだけなんていわずに、常に新しいものを追い求めるんだ。技術っていうのは水物《みずもの》だ。見切りをつけるのも、大切なノウハウなんだよ。

MERRY PAT.P
X-5

2005年、テルモが発売したインシュリン用注射針「ナノパス33」。通称、"刺しても痛くない注射針"といわれる。後ろは、注射針シート。

痛くない注射針は、外径0.2ミリ、針穴の直径80ミクロン(0.08ミリ)の世界一細いインシュリン用の針。

Q29 Question
the most important thing for one's life

◎どうして「不可能」といわれていることが可能に？

どんなふうにして、「痛くない注射針」など、不可能と思われていた技術を現実のものにしたんですか？　普通なら、「これを作ることは物理的に無理です」と言われたら、そこでやめてしまうのではないですか？　そんな言葉には屈しない、その考え方を教えてください。

ヒントになったのは40年以上前に作った継ぎ目のない鈴だった

◎常識を捨てる

テルモの「痛くない注射針」、正式名称はナノパスっていうんだけど、あれはうちに持ちかけられた難題の中でもとびきりだったね。今までの不屈《ふくつ》の反骨精神がなかったら、きっとできなかった製品だろう。

いきさつはこうだ。ある日、医療機器メーカー・テルモの大谷内《おおやうち》って研究員が、俺のところをたずねて来た。なんでも、1年間で日本中の金型、プレス屋、パイプを扱う製造業者を百件も回ってもできる人が見つからないから、うちの話を人伝《ひとづて》に聞いて来たらしい。どんなものか聞いてみると、今までにないような注射針だという。なんでも痛みを感じないくらい細い注射針が欲しいらしい。

蚊《か》と同じような針を作ると聞いて、俺も最初はびっくりしたね。なんだそりゃと思ったよ。だけど彼は真剣だった。テルモの注射針に他にはない付加価値を付けると同時に、1年間に1000本以上もインシュリン注射を打たなければいけない糖尿病患者の苦痛を和らげることができる。何度も同じ場所に注射を打つと、皮膚が硬《かた》くなって針が通りにくくなってしまうらしいんだ。何より、食事のたびに痛い思いをしなくてもいいだろう?

彼は針の図面を持ってきた。設計レベルで20ミリの長さの針で、テーパー状に設計され、太い所で350ミクロン、細い所で200ミクロン、穴の直径が80ミクロンで、流体力《りゅうたいりき》学《がく》上、液がスムーズに流れる様に設計されていた。

従来の針の作り方は、地球上60億の人が、パイプでつくるものだという既成概念《きせいがいねん》でこりかたまっていた。つまり、パイプを作ってそれを細かく切るという方法ね。金太郎飴《あめ》の真ん中に穴が開いているような感じだ。

これだと、細い注射針を作ることが可能であるけれど、液がスムーズに注入できないという欠点があるんだ。

その欠点を補なうテーパー状の超極細《ちょうごくぼそ》の注射針をつくる**ヒントになったのは、40年以上前に作った鈴だった。あとでくわしく書くが、1枚の板から作る、継ぎ目のない鈴だ。板を丸めちまおうと思った。誰もやったことのない方法だ。誰も通ったことのない道だからこそ、可能性がある。そうだよ、パイプにしようと思うからできないんだ。板を丸めれば、できるんじゃないか？**

結果的に、そのときの俺のヒラメキは正しかったのだけれど、それからの試行錯誤《しこうさくご》も長かったね。何度も何度も失敗して、量産体制を整えるまでは3年かかった。

この技術はさらに応用されて、今後は献血針の開発も考えている。細い針だけど、穴をいくつも開けることにより、一度に多くの血液を採取《さいしゅ》できるんじゃないのか？

今、常識として言われている発想を一度捨てて、まったく違った発想で取り組んでみるといい。どんなに偉い学者が「無理だ」と言うことも、可能になるんだから。

後日談《ごじつだん》になるけど、あるテレビに出演したとき、いままで1万回以上、インシュリン注射を打ってきたという小学生の子どもさんに、ビデオで「ぜんぜん痛くなかった。つくってくれた人、ありがとう」って言われたんだ。これまで生きてきて何よりも感激したよ。

岡野さんみずから痛くない注射針をさす。これからも患者さんがいる限り、つくり続ける、という。

5章

「アイデアの出し方」がわからないキミたちへ！

the most important things to get great ideas

the most important things for your life

the most important thing for one's life Q30 Question

◎自分の感情がわからない

自分の感情にフィルターをかけるみたいにして、人の話をそのままなんとなく聞いてしまうクセがあります。後から考えると「理不尽《りふじん》なこと言われたなぁ……」と思っても、そのときはなんの感情もわいてこないのです。コミュニケーションに慣れていないからかもしれないけれど、自分が怒りを忘れてしまったように思います。このままだと、例えばアルバイトとか、会社に入ってからとか、いいように使われそうで心配ではあります。

理屈に合った話かどうか考えてみればすぐわかるよ

◎実績ってなに？

俺は反対に血圧が高いほうの男だから、いいように使われるってことはまずないだろうな。で、その話に筋《すじ》が通っているかどうかだが、まずそいつが言ったことをその場で考えてみてくれ。

昔、こんなことがあった。知り合いがどうしても行ってくれっていうから、ある会社に金型の説明に行ったことがある。誰でも知っているような大企業だよ。一通り説明を終えたら、その企業のお偉《えら》いさんが「岡野さんの説明はよくわかりました。岡野さんの言うとおりやれば、この品物ができるということもよくわかります」と言った。**それで終わりかと思ったら「しかし」ときた。曰《いわ》く、「岡野さんはうちに対して実績がないから、岡野さんへは注文できないんですよね」だと。**

俺は、頼まれて説明に行っただけで、仕事をもらいに来たわけではないんだ。それで俺はカチンときたね。こんなとき、俺は黙って帰らない。**そのお偉いさんに向かって、「そんなに実績が大切だっていうなら、それじゃアンタの奥さんは実績があるからもらったのか!?」と言ってやった。それで「結構ですよ、アンタんところの仕事は金輪際《こんりんざい》やらないから」って言って、帰ってきたよ。**

そりゃはじめは実績なんてないよ。そんなもの、はじめからあったらラクでいいよな。でも最初から実績なんてあるわけないんだ。ちょっと考えれば、そのお偉いさんは理屈に合うことを言っていない、ってことがすぐわかるよ。

◎一度口から出た言葉は戻せない

こんなこともあった。ある会社が「岡野さんと取引したいことがありますので、岡野さんの会社に調査を入れさせてもらいました」って言ってきやがった。「何言ってるんだ、俺がそっちの製品を買うわけじゃないんだぞ！　払うのはそっちだろう、そっちの業績こそどうなんだ！」って怒鳴《どな》ってやったよ。そういうバカなことを平気で言うやつが多くって困る。

理屈がおかしい話ってのはまだまだある。うちにはよくいろんな電話がかかってくる。「今これを買うと儲かりますよ」って類《たぐい》の電話だ。そんなとき言ってやるんだ。「そんなに儲かる話なら人に言うもんじゃないよ、アンタが黙って投資《とうし》すればいいんだよ」ってね。だって、「こうすれば儲かる」なんて人に教えるか？　ちょっと考えればおかしいって思うだろ？　投資したら詐欺《さぎ》にあいましたってよく聞くけど、そんな話を信用するのは欲が張ってるからなんだよ。だまされたとしても自業自得《じごうじとく》だよ。**人は、本当に儲かる話は他人には言わないもんなんだから。**

まったく、人の金を集めて儲けようってやつが多すぎるよ。汗水流して働かないと。

最初にした「実績」の話には後日談《ごじつだん》がある。そんなことがあった後、その人から何度も謝《あやま》りの電話がきたよ。もちろん俺は言ってやった。「アンタの会社はうちに対して実績がないんだから、アンタんところの仕事はやらないよ」って。

今、その会社は大赤字みたいだ。そうだろうな、ああいうことを言う会社だから、赤字になっちゃうんだよ。

よく覚えておくといいよ。一度口から出た言葉は戻せないんだ。

5章「アイデアの出し方」がわからないキミたちへ！
the most important things for your life

◎特許を取れる発明をしたい！

僕の夢は、はっきり言って大きいです！　発明家になって、ヒット商品を作ること。ひとつ当たれば、一生左うちわも夢じゃないですよね！　だけど、心配もあります。よく、「何かを発明するには、不便に思っているところに目を向けるといい」という話を聞きますけれど、世の中ってすでに結構便利ですよね。ある製品の、ちょっと不便に思っていることを見つけても、次のバージョンで改良されちゃう。特許を取れるような発明って、どうすればできるのでしょう？

便利な世の中なんて何もよくない
機械に頼るとアイディアがしぼむぞ

◎誰にもできない継ぎ目のない鈴

前にも書いたが、ここに鈴がある。俺が40年前に金型をつくった鈴だ。一見何の変哲《へんてつ》もないように見えるだろ？　**だけどよーく見ると、この鈴には不思議がある。そう、この鈴には、継ぎ目がどこにもないんだ。**

これは1枚の板からできている鈴だ。切ったり貼《は》ったりして、鈴の形にしたものじゃないんだよ。もっとも、この鈴を考えたのは俺じゃない。40年以上前、近所のプレス屋のおやじが、「岡野さん、今ある鈴は継ぎ目があってかっこ悪い。もっと見た目がいい鈴をつくりたいんだけど……」と相談を持ちかけてきたんだ。

俺は感心したね。そういうふうに考えるやつはめったにいない。今の時代では、なおさらいないかも知れない。だけど、「継ぎ目のない鈴をつくってくれったって、そんなものできないよ」と答えたんだ。そうしたらそのおやじさん、「いや、そんなことない。絶対できる。特許《とっきょ》も申請《しんせい》するから、ぜひやってくれ」って言うんだ。

岡野さんが40年前に、1枚の鉄板から作った継ぎ目のない鈴。

結局俺は鈴をつくった。完成するまでに3年かかった。3年間、試作に試作を重ねたよ。それで350万という金型代をもらった。今から40年前の話だから、相当な大金だよ。まぁ、全部うちの親父にとられちゃったんだけど（笑）。

そして無事特許も取ることができた。40年前に取った特許だから、もうとっくに切れている。だけどほかの会社は、継ぎ目のない鈴をつくらない。どうしてだかわかるか？ **特許は切れているから他社がつくっても問題ないんだけど、誰も作り方がわからないんだ。その鈴はおやじさんの会社以外、誰にもできないんだよ。**

◎本物の特許とは

以前、ある大手自動車メーカーの集まりがあって、そこで講演させてもらったことがある。そのとき集まった人に鈴を1個ずつあげて、「どうやって作ったのか、それを持って帰って研究してみてくれ」と言ったんだ。上司は「絶対作らせてみせます」と意気込んでいた。だけど数年経った今でもできていない。優秀なエンジニアが集まっているのに、だ。

考えてもみてくれ。40年前の金型の機械でこれを作ることができたんだぞ。だけど最先端といわれる企業でも作ることができない。その原因がわかるか？

今はいろいろな機械があって、何でも自動でやってくれるだろ？　便利な機械があると、どういう工程でモノが作られるかなんてわからなくても事が足りる。**機械に頼りすぎて、こういうものを作れなくなっていくんだよ。**

世間では半導体なんて騒いでるみたいだけど、そんなもの実は大したことない。１００分のいくつ、１０００分のいくつで寸法測って、ただ作っていればいいだけの話だ。この鈴のような雑貨を作るのが、本当は大変なんだ。

特許が切れても誰も真似できない。こういうのを本物の特許っていうんだよ。

「いい大学を出て、博士号まで持っています」なんてやつらがいるよね。そういうやつにこの鈴を作ってみろと言っても、できないんだよ。**実は、この鈴がテルモの「痛くない注射針」のヒントになっているんだ。この鈴ができないやつにあの注射針は作れない。どんなに優秀な研究員を抱《かか》えた優秀な会社だろうと、あの針のアイデアは出てこないんだよ。**

the most important thing for one's life Question 32

◎発想力を高めるためにできること

僕は地方の大学に通っています。静かでいいところなんですが、「刺激が少ないなぁ」といつも思っています。例えば大都市では、僕の専門分野の学会や展示会、ミーティングなどが頻繁《ひんぱん》に行われています。それから勉強以外にもいろいろ、面白いことがありそうです。そういう刺激が、発想力の原料になるのではないでしょうか？　岡野さんは発想力の大切さをくり返し言われていますが、地方に住んでいても、発想力を高めることってできますか？

刺激はどこにでも落ちている どんなことからも吸収できる

◎ボーッとしていたら何にも見えない

今までいろいろな国の仕事をやったよ。イスラエル、ドイツ、シンガポール、台湾、アメリカ……。商社を通して注文が来るんだ。日本の金型は世界中に認められている。自分たちの国で造れないものの注文がうちへくるから、それを俺が作るんだ。そういう仕事が世界中から来るようになった。

だけど、実は他の国から学べることもたくさんある。

例えば東南アジアの一流レストランで使っているスプーン。日本も含めた世界中の金属のスプーンは、1枚の板から作られているだろ？　だけどそのレストランで見かけたスプーンは、握《にぎ》るところが円柱状になっている。板を丸めて、持つところをつくっているんだ。テルモの痛くない注射針と作り方は一緒だ。すごいよな、すごい発想だと思うよ。

多分、レストランでこんなスプーンがでてきても、普通の人はどうってこと思わないだろう。だけど俺たち職人はこれを見て、「ああ、こうやって作っているんだ」と思うんだ。**刺激っていうのは、実はどこにでも落ちている。要はそれに気づけるかどうかなんだ。何事もボヤーっと見ていたら、何にも吸収できないぞ。**

◎途上国の子どもは発想力がすごい

俺は新幹線に乗っていても、絶対に本や新聞を読まない。ずっと外の風景を見ているんだ。幼稚園の子どもが遠足に行くような感じだな。そうやって窓の外を見ていると、ああいう建物が建っているんだ、こういう景色があるんだって、たくさんのことが頭に入ってくる。絶えず刺激があるんだよ。どんなことからでも吸収できるってことをちゃんと意識しないと、アイデアも浮かばなくなってきちゃうよ。

以前、ベトナムへ行ったときに高校生くらいの子どもから買った怪獣のおもちゃがある。よーく見ると、面白いことに気が付くよ。使っている部品は、全部そこら辺から拾ってきた部品なんだ。廃車になったスーパーカブやなんかから、部品を拾って組み立てているみたいなんだ。それをこんな立派な怪獣の形にして、それを売って稼ぐ。まったく、すごい発想力を持っているよ、途上国の子どもたちは。

俺が子どもだった時代の日本もそうだったよ。子ども時代はおもちゃなんて買ってもらえなかった。だからベトナムの子どもといっしょで、そこら辺にある鉄くずなんかをひろってきちゃ工夫していろんなものを作っていたよ。モノはなかったけれど、楽しい時代だったよ。

◎大切なのは感性

日本の子どもたちにもがんばって欲しいと思っているけど、そもそも日本は恵まれすぎているね。部品を拾ってきて、自分の想像力を膨らませて怪獣を作る変わりに、完成品の見本があるプラモデルとかを作っちゃうだろう。プラモデルには設計図が付いていて、このパーツとこのパーツを組み合わせれば腕が出来上がると決まっちゃってるんだもん。そこに創造性の入り込む余地もないよ。

大切なのは感性だ。今の子どもたちは何不自由なく育っているから、感性が育ちにくいよな。だって、今の子どもたち、鉛筆1本削れないだろう。俺たちの子どものころは、鉛筆はもちろんベーゴマだって自分で削ったよ。こうすればベーゴマがよくまわるようになるって、子どもながらに研究しながら削るんだ。そういうところで技術とか感覚が養われていったんだよな。

それに、まぁ、大人もそうなんだけど「あれがないからできない、これが足りないからできない」って言ってばかりだろう。何でもすぐに手に入る環境で生きているから、何かが足りない状態で工夫するってことを知らないんだ。

発想とか創意工夫っていうのは、子どもの時分がいちばん身につきやすい。子どものころに、どれだけ工夫して遊んだかが、新しい発想を生み出す頭につながっていくんだよ。

何かがないときはまず頭を使うんだ。そうすれば必ずないなりのやり方ってものが見えてくる。それこそが発想力につながるんだよ。

Q33 Question

◎モノづくりについて教えてください

ジャンルはまだわからないけれど、私は将来モノづくりをする人になりたいです。岡野さんはモノを開発しているときにドキドキワクワクしているみたいだけれど、モノづくりって、どんな感じですか?

モノづくりはジャズと同じ 想像力を働かせてアドリブをきかせる

◎俺は図面を引かない

金型を作る場合、まず初めに何をすると思う? 普通は図面から入っていくと思うだろう。図面を引かずに機械を作るなんて、常識はずれだと思われている。だけど俺はその常識はずれなことをする。あえて図面は引かないんだ。俺にとって、図面を引かずに機械を作るほうが自然なんだよ。

うちの孫は小さいころからピアノを習っていて、今ではジャズなんかも演奏するんだけど、その演奏はモノづくりに通じるものがあると思う。想像を働かせてアドリブで演奏していると、それが新たな想像になり、また粋《いき》なアドリブを生み出す。そうやって、イマジネーションがどんどん広がっていくんだよ。最初に図面を引いちゃったら、その図面からはみ出ることが難しくなる。1枚の紙に縛られて、自由な発想ができなくなってくるんだ。

頭でどんなに完璧な図面を考えても、それは60点ぐらいでしかない。それを描いてそのとおり作っても、60点の機械しかできなくなる。作り始めたら「ああしたほうがいいと思ったけれど、やっぱりこうしてみようか」っていうのが必ず出てくる。だから図面は描《か》かずにそうやって想像を広げていって、なるべく100点に近づけるんだ。

◎経験がものをいう

今の時代、金型や機械について何も知らない連中がCADを使って図面を描く時代だろう？　そんなんでいいモノづくりができたら、これほど楽なことはないよな。そうはいかないから、みんな苦労しているんだよ。

深絞りっていうのは、金属の板を何工程にも分けてプレスして、品物を形成していくことなんだ。ほんの少しの違いで、完成品にも不良品にもなる。それは潤滑油によっても変わってくる。そんな職人が長い時間をかけて手に入れてきたニュアンスを、CADで図面

the most important things for your life

に落とそうなんていうのが無理な話なんだ。
それに図面にすることでの弊害《へいがい》はまだある。能率主義の状態でＣＡＤで図面を起こすと、「この部品はあの工場に下請けに出そう、こっちの部品は違う下請けに出そう」というように、専門業者に出すことが多くなる。いろんなところで作った部品を自分の所へ持ってきて組み立てようったって、うまくいくわけないって。部品はすべてミクロンの世界なんだから。**深絞りに関して言えば、複雑な工程をＣＡＤで組み合わせることができないんだ。**

職人にとって、図面なんてなくても大丈夫。頭の中にすべて入っているもん。しいてコツを挙げるとすれば、今までどれだけ失敗を積み重ね、ノウハウを蓄積してきたかってことだ。そう、要は経験がものを言うんだ。

Q34 Question
the most important thing for one's life

◎勉強が嫌いだ！

はっきり言って、勉強が大嫌い！　学校へ行っても、なんにも面白くないです。義務教育だから我慢しています。岡野さんも勉強嫌いだったんでしょう？　それでも成功することはできるのでしょうか？

勉強なんかできなくてもいい
俺だって勉強は大嫌いだった

◎俺の工場を見学にくる修学旅行生たち

学校が嫌いだって？　見込みがあるな。まぁ、俺の仕事に興味があるような子どもは、勉強嫌いな子どもが多いよ。俺のところには毎年中学校の修学旅行生が見学に来るけれど、今の子どもは修学旅行先でどこへ行くのか選べるらしいよな。普通の生徒なら遊園地とか繁華街への見学を希望するみたいだけど、どうやら勉強嫌いの、ちょっと変わった子どもが俺のところへ見学に来たいと言うらしい。いやほんと、将来の見込みがあるよ。だって俺も、そういう子どもだったもん。

俺にいわせれば、学校で優秀なやつほど、社会に出たら沈んでしまうんだ。俺の同期だってみんなそうだよ。学校で成績がいいやつは成功しないで、箸《はし》にも棒《ぼう》にもかからないような悪ガキが成功しちゃうんだから。

ただし、怠け者で勉強が嫌いっていうんじゃだめだぞ。ラクしたいから勉強しないなんていうのであれば、その先に成功はないよ。

◎俺が中退したわけ

岡野工業株式会社の前身は、金型屋であった親父が立ち上げた会社だ。親父は典型的な明治の男で、12歳で地元茨城から上京。上野にある町工場で金型の技術を学び、昭和13年に岡野金型製作所を創業したんだ。

修学旅行の研修で訪ねてきた中学生に、熱いエールを贈る岡野さん。

長男である俺が、いずれ後を継いでくれるものと期待したんだろう。子どもにかける充分な金がなかった時代、親父は俺を幼稚園に入れてくれたんだ。

ところが幼稚園児の俺は、見事に親父の期待を裏切った。幼稚園へ行くのに、東向島《ひがしむこうじま》にある玉の井という歓楽街を通らないと行けなかったんだ。そこではいつも唱歌が流れていた。「グッドバイ、グッドバイ、グッドバイバイ」

幼稚園でもお遊戯《ゆうぎ》で歌わされたよ。「グッドバイ、グッドバイ……」。**だけど幼稚園ってところはあまりにもバカバカしくて、俺はたった3日で幼稚園に「グッドバイ」しちゃった。**4日目からは荒川の土手へ直行して、弁当を食べて帰ってくるようになった。さすがに親父もあきれたようで「もう幼稚園に行かなくていい！」と怒鳴《どな》られたよ。

尋常《じんじょう》高等小学校（旧制の小学校で、初等普通教育をほどこした義務教育の学校）に入ると、今度は泳ぐのが楽しくなった。勉強もろくにしないで、近所の荒川でよく泳いだよ。だけどうちの親父は、娘をハシカで亡くしている。だから親父が、一人息子がおぼれるんじゃないかと心配して、俺を水泳クラブに入れたんだ。当時は体罰《たいばつ》なんか当たり前で、竹でひっぱたかれてばっかりいたけれど、**好きなものはいくらひっぱたかれても行くもんなんだよなぁ。学校の先生や親が「勉強もそれくらいやるといいんだけど……」とつぶやくくらい夢**

中になって泳いで、水泳クラブを無事卒業した。それからはどこの水泳大会でも負けたことなかったよ。当時、〝フジヤマのトビウオ〟と呼ばれていた古橋廣之進《ふるはしひろのしん》さんの弟子が俺を誘いにきたよ。水泳は今も続けている。

その当時は、もちろんテレビもパソコンもゲームもない。だけど子どもたちは飽きずに遊んだね。俺たちはベーゴマとメンコに夢中になっていた。俺は親父がいなくなったのを見計らって工場に忍び込み、こっそり旋盤《せんばん》でベーゴマを研《と》いでいた。ベーゴマの先を尖《とが》らせると、他のどんなベーゴマにも負けない、安定して回転するコマになるんだ。

ベーゴマで相手のコマを倒すと、そのコマをもらえる。だからベーゴマをどんどん集めて、それをみんなに売った。いい小遣《こづか》い稼ぎになったし、商売の勉強にもなった。

そして何より役に立ったのは、工夫してベーゴマを改良していったこと。**「こうすればさらに回転するんだ、こうすれば安定するんだ」っていうふうに、遊びながら旋盤《せんばん》の使い方や微妙な加工を覚えることができた。**

俺の小学校時代は太平洋戦争の最中だった。東京大空襲《くうしゅう》のときには、向島にある俺の家から上野の西郷さんが見えたくらい、まっ平《たい》らな焼け野原になった。

空襲警報はしょっちゅう鳴って、そうすると学校の授業は中断された。不謹慎《ふきんしん》なんだけど、勉強が嫌いでたまらなかった俺は「今日はもう終わりだ」なんて喜んでいたよ。それくらい、学校に行きたくなかったんだ。昭和16年に尋常高等小学校は国民学校となり、昭和20年にその初等科を卒業した。俺は一応国民学校高等科へ進んだのだけれど、その年に日本は敗戦した。先生たちがデモクラシー（民主主義）を叫ぶなか、デモクラシーが何なのかもわからなかった10代の俺は、ますます学校へ行きたくなくなった。そして高等科を中退したんだ。

Q35
Question
the most important thing for one's life

◎学校の勉強を一生懸命がんばればいいの?

学校のカリキュラムをこなしていても、社会に出て役には立ちませんか? 僕は応用力がないとよく言われます。はい、カリキュラム以外のことをするのがとても苦手です。学校現場が言うままに勉強していればラクだと思うのですが、それではダメなんですよね……。

どんなにがんばって暗記しても学校の勉強でメシは食えない

◎学校の勉強はビリでもいい

学校教育っていうのは、一番基本的なことは教えてくれないんだよ。だから俺は「学校の勉強じゃ飯《めし》は食えないんだ」ってはっきり言うんだ。

人生って言うのは、世の中に出てからが勝負なんだ。学校での勉強なんて普通でいいの。優等生になろうだなんて思わなくていいの。極端なことを言えば一番のビリでもいい。ビリっていうのは一番大変なんだぞ。だって後がないんだからな。後がないと、必死になって付いてかなくちゃいけないんだ。それに比べて、一番っていうのは落っこちたって大したことないだろ？　ビリっていうのは人生で一番大変なんだ。いつも絶体絶命《ぜったいぜつめい》っていう意気込みで生きていかなくちゃならないからな。

俺もそうだった。中退というハンディがあって、そのハンディを抱《かか》えながらみんなより上に行かなくちゃいけないという信念をずっと持ってきた。だから他の人と同じことはしなかったんだ。人と違うことをしなくちゃ、勝負できないだろう。

今は大学進学率が高いから、余裕があるんだったら大学へ行ってもいいと思う。だけど、腕に職をつけることを忘れちゃダメだ。くだらないことばっかりやって、４年間が終わっちゃったなんてことは絶対に避けないと。

◎これからは農業が出番だ

いい大学を出たやつが偉くなるなんてうそっぱちだ。東大出たやつがみんな成功するなんてことないだろう？　俺だって勉強が大嫌いだった。頭じゃない。**いろんな情報に耐えられる、柔軟性のある頭を持った人間になればいいんだよ。**

これからの時代、農業だって熱くなってくるよ。みんな農業って聞くと、キツイとか大変とか

考えるだろう? そんなことないよ。これからは機械で管理して農作物を育てる時代がやってくるんだ。

日本の農業っていうのは、世界でも水準が高い。だけど技術も高いが、人件費も高かったんだよな。だから世界の市場では、日本の農作物が売れなかったんだ。それが今では、バイオ燃料がどんどん発達するにつれて、農作物の値段が上がっている。いくら高くなっても、生きるために農作物は必要だよな。だからこれから、農業のあり方が見直されてくるんだ。そうして、日本の農業の出番がやって来るんだよ。日本の技術を活《い》かして、効率よく農業ができる時代がやってくる。時代を先取りして儲けたほうがいいぞ。

6章

「人生の壁の乗り越え方」がわからないキミたちへ!

the most important things to get over difficulties

the most important things for your life

6章 「人生の壁の乗り越え方」がわからないキミたちへ！
the most important things for your life

the most important thing for one's life
Q36

◎今の状態から抜け出したい

親のこと、勉強のこと、友達のこと、恋愛のこと……。今、すべてが行き詰っているなと自分で思います。僕はまだ学生なので、何もかも捨てて旅に出るわけにもいかず（笑）、だけどこの状態から抜け出したいと切実に思っています。こんなモヤモヤした気持ちを抱えているとき、どうすればいいのでしょうか？

まじめにコツコツやっていれば道はちゃんと開けてくる

◎俺の不眠不休時代の話をしよう

早く今の状態から抜け出したいと思うことはあるよな。よくわかるよ。

でもその前に自分に問いかけてほしい。目の前にある、自分のできることはすべて終わっているのかと。たいていの悩みは、目の前のことを片付けずにああだこうだ、理屈で考えているからよけい苦しくなるんだ。とりあえず手を動かしていれば、そのうちにパッと閃光（せんこう）が弾（はじ）けるように、いい解決法が浮かんでくるもんなんだよ。

俺が苦労した不眠不休《ふみんふきゅう》の時代の話をしよう。親父の仕事を終えたあと、夕方5時から朝まで工場を使っていいということになったのだけど、もちろん最初は大変だった。何しろ親父の工場が動いている間は外に出れないから、営業なんてできるわけがないんだ。だから親父のお得意さんに金型の仕事を分けてもらっていた。

だけど夜も仕事を続けているうちに、どうしてもいい旋盤《せんばん》が欲しくなる。だけど20代の俺には手も出ないいくらいの値段なんだ。そこで、株式会社アマダという機械メーカーに掛け合って、ローンを組ませて欲しいと頼み込んでみた。

欲しかった旋盤は70万円ほど。今の貨幣価値からすると、2000万円は超えるだろう。この値段なら、通常の会社なら25回払いのローンを組むんだけれど、アマダの営業所長に「お前の意気込みをかってやる」と言われ、60回ローンを組ませてもらった。

新しい旋盤を買って、何とか使いこなせるようになると、いい仕事が効率よくできるようになった。だけどこの旋盤を買って、もうひとついいことが起こった。

「60回払いでいい」と豪語《ごうご》したアマダの所長も、俺が代金をちゃんと払えるのか、心配でしょうがなかったみたいだ。ついに「おまえは昼間動けなくて、営業ができないんだろう？　うちのほうで仕事をとってきてやるよ」と言ってくれた。願ったりかなったりだ。

俺は所長にどういうものができるのかを説明して、所長は約束どおり、アマダのユーザーから仕事を取ってきてくれた。

◎試行錯誤が楽しい

そうしてアマダから紹介されたのが、茨城県にある日立電線だった。守衛がいるような工場と取引をするのは、これが最初だったよ。**最初は守衛に「この小僧はなんだ？」という目でみられたけれど、工場長への紹介状を見せると、とたんに「あちらでお待ちください」と態度が変わったのが面白かったよ。**とにかく、この会社はいろいろな金型を必要としていたので、仕事はたくさんあった。

こうして俺の今の生活リズムが作られた。朝の8時から5時までは親父の下で働き、5時から深夜までは日立電線の仕事をやる。**そのころはまだ宅配便もなかったから、納品も自分で行かなくてはならない。週に2～3回はラジオでジェットストリームを聞きながら水戸街道を車で走って、金型を届けに茨城まで行った。**家に戻るのは、新聞が配達されるころだ。8時までには工場の掃除を終わらせてないと親父のカミナリが落ちるので、しばしの休憩を取る。**こんな生活を10年続けたよ。**

結局、アマダから紹介された仕事はとても儲かった。60回払いのローンは、15回で返すことができた。**言っておくが、俺は基本的に現金がなければ何も買わない人間だ。ローンを組んだのはこれが最初で最後だよ。**

ひとつのモノを作るのには、いろいろ苦労する。俺は今でも、年がら年中苦労しているよ。だけどな、その苦労が楽しいんだよ。

若い人たちだってそう。試行錯誤が楽しいと思うようになったらそれは本物だよ。いやいややっているのなら、時間がもったいないだけで、そこからは何も身につかないよ。

Q37 Question the most important thing for one's life

◎これからの時代を読むヒントを得るには

現代社会は、情報があふれていますよね。本当に、どれを信じたらいいのかわからないくらいの情報がやり取りされています。多分、本物の情報なんて、ほんの一握《ひとにぎ》りですよね。そんななか、「次はこんな時代が来る」っていうのは、どのようにしたらわかるものなんでしょうか？

ヒントは意外とどこにでもある 時代を先読みできる頭を持て

◎俺と考え方が一緒だった

アマダの所長に日立電線を紹介されたときの話をもう少ししよう。

俺は日立電線が何をしようとしているのか知らなかった。だから「どんな仕事をする会社なんですか？」と聞いた。すると「この会社はこれからプレスをやりたいと言っているんだ」と教えてくれた。

所長曰《いわ》く「だからお前のように若くて働けるやつはちょうどいい」。だから俺は、「ぜひ紹介してください」と言って、軽トラに乗って茨城までいったんだ。

日立電線の工場長に会って、これからどんな事業を展開したいのかを聞いてみた。するとその工場長は「今までのように銅を溶かして板だのパイプだの作っていたんじゃ、これから先、赤字になるのは目に見えている。それじゃお先真っ暗だ。だから銅の製品を使ってプレスして、うちにしかないような付加価値を付けたいんだ。そうして製品として世の中にモノを出したいんだ」と言った。

俺と考え方が一緒だと思ったよ。俺はもともと金型屋で、儲かるためにプレスを始めた。工場長はもっとすごいよ。だって、素材メーカーがプレスまでやろうっていうんだから。俺はもちろん二つ返事で応えた。「工場長、それ、やったほうがいいですよ」

どんなモノをつくりたいのか聞いてみると、自動車のラジエーターのサーモスタッドを、素材を過熱しプレスで形成する鍛造《たんぞう》という方法で製造したいという。そのころは全部切削《せっさく》加工だったんだ。銅の切削加工っていうのは、油断すると銅が焼きついてしまって、なかなか難しいんだ。

みんなが切削やっているところに鍛造するんだ。こりゃいけると思った。ぜひやりましょうって、引き受けたよ。

◎プレス機のおかげで電子レンジも普及した

工場に入ってびっくりしたね。だってプレス機が1台もないんだもん。ああ本当に始めたばっかりなんだなと思ったね。それで、プレス機の購入を相談された。「何トンくらいのプレス機があればいいんだ？」って言われて「そうですね、110トンもあれば……」。「何台あればいいんだ？」ってまた聞かれて、1台でいいかなと思ったんだけど、「そうですね、2台もあればいいんじゃないですか？」って（笑）。アマダさんに義理があるし、忙しくなると思ったから、2台買ってもらった。

結果、大成功したよ。

成功はもちろんうれしかったけど、そのとき俺は感じたね。ああ、素材メーカーがプレスをはじめちゃう時代が来るんだ。普通のプレス屋が材料を買ってきて製造しても、いい単価は取れない時代がくるだろうと思ったよ。

ついでに話すと、その2台のプレス機で電子レンジのマグネトロンの製造もしたよ。これも、今まで切削加工していたのを、プレスでどんどん作るようにしたんだ。それでどうなったと思う？　**一般家庭には手が届かなかった電子レンジの値段が下がった。どんどん安くなったの。今電子レンジが普及しているのは、プレス機のおかげなんだよ。**

時代を先取りするヒントなんていうのは、意外とどこにでも落ちている。ただし、それに反応する感性と、本物かどうかを見極める目は自分で育てていくんだぞ。

6章「人生の壁の乗り越え方」がわからないキミたちへ！
the most important things for your life

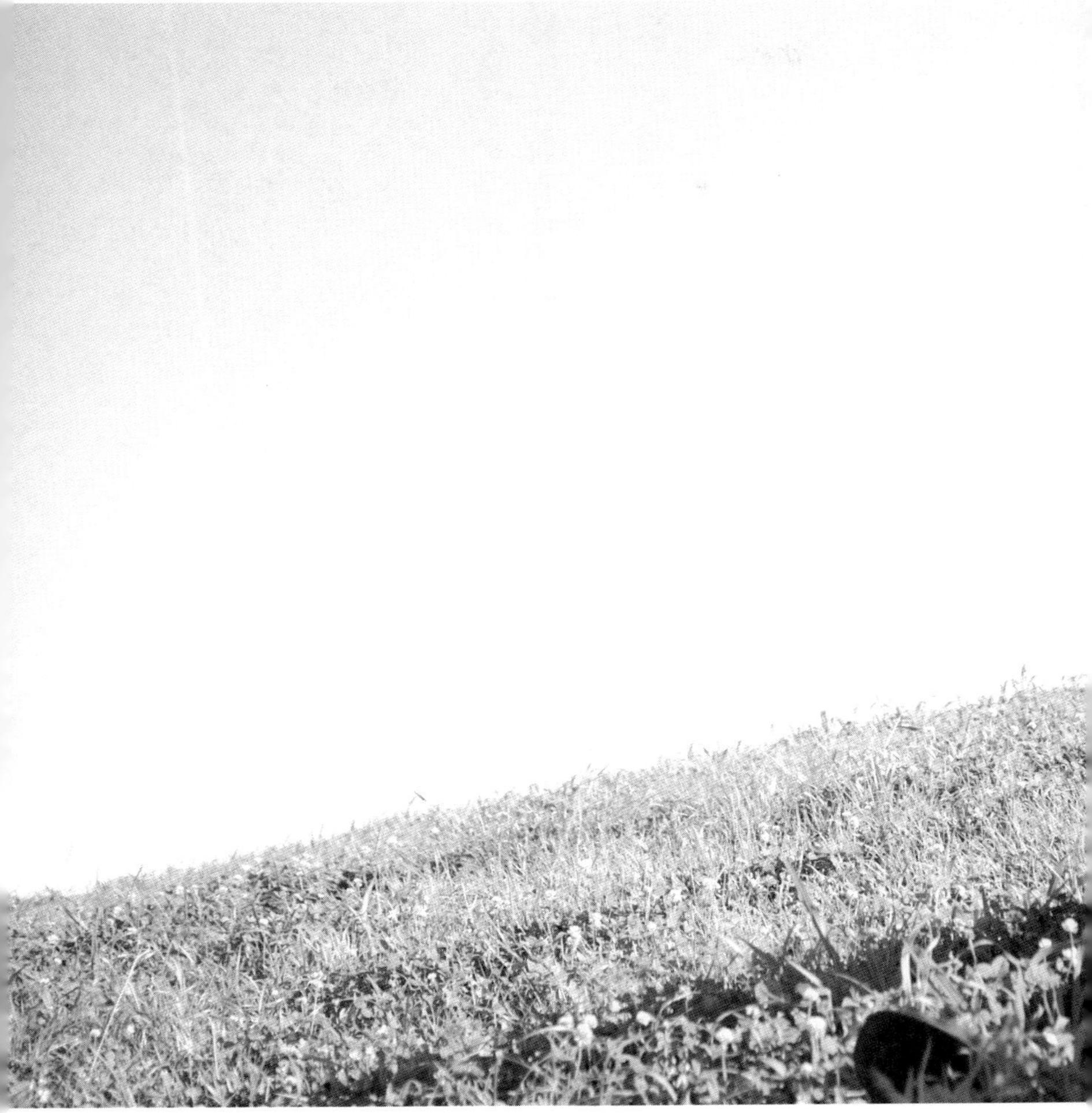

Q38

the most important thing for one's life

◎少し要領よくなりたい

私の悩みは要領が悪いこと。バイト先でも効率が悪いとか、時給分働いていないとかよく言われます。自分だってこんなんじゃイヤです。友達が5の力で終わらせられることに10も20もの力を費やしているんですから……。要領よくなりたいです。どうしたらいいでしょうか？

どんなものを必要としているのかを知り必要とされる仕組みを見つける

◎ほかの会社から声が…

要領が悪いと確かに損だよな。俺も今まで、商売に関して、手を抜くということでなくて、もっと要領よく儲けるような道を探してきたよ。今からでも遅くないから、どうすればムダをなくせるかを常に考えて、ちょっとでもヒントがあればそれを活かすんだ。受け手側が感性を磨けば、そこら辺にゴロゴロ転がっているヒントが見えてくるはずだから。

俺が要領よく儲けるようになったプロセスについて少し話そう。

日立電線と仕事を続けているうちに、今度は藤倉電線（現・株式会社フジクラ）から仕事をして欲しいと声がかかった。何が必要なのか聞いてみると、導波管《どうはかん》のプラントを作って欲しいという。

俺は日立電線と仕事をしているのだが、もし藤倉電線の仕事を請けるのなら、秘密を保守する立場として都合が悪いことになる。前から茨城は遠いなと思っていたので、日立電線の仕事を終わらせて、東京に本社がある藤倉電線と取引を始めることにしたんだ。

今でもそうだが、モノづくりの前線にいると、世の中がどの方向へ流れているのかがわかるようになる。このときも、金型の仕事をしているうちに、金型とプレス機をセットにし、プラントとして開発・販売する話が出てきた。こうしてラジオなどに使うコンデンサーの自動化ライン、つまりプラントを開発した。

今までのように金型とプレス機を別々に作り組み合わせるやり方は、どうしてもプレス機と金型の相性《あいしょう》ってもんがでてきてしまうんだ。相性がよければ順調にいくが、自社のプレス機に金型がうまく合わせられないと、余計な時間と労力がかかることになる。それよりも自動化ラインのプラントを開発してしまえば、それひとつで最初からラクに動かせる。ここに儲ける仕組みがあるということを、30年以上前に俺は見たんだ。

◎仕事が向こうからやってくる

今では金型のほうが利益率がいい。プラントにしてしまうからだ。プラントができてからはおよそ1ヶ月、うちの工場で試運転して、その間にできた製品もプラントを納める会社に買い取ってもらうんだ。

1ヶ月間試運転して、トラブルが起こらないってことが証明されているわけだから、企業側としても安心して買い取り、すぐに製造に取り掛かることができる。自動化されたプレス機がちゃんと機能するっていうことは、企業のニーズにぴったり合っているんだ。しかもそこにつける金型は、他の誰にも作れないような金型だろう。当然、プラントの価値は上がるよ。**俺の商売の元となるのは、ノウハウと技術。そうすると、1000万円の元手《もとで》で、1億円の製品を作ることができる。自分だけしかできないということは、つまりこういうことなんだ。**

俺の会社には営業担当なんていない。最初にアマダに取引先を紹介してもらって、それ以来営業なんてしたことない。「この部品、どこへ持っていっても作れないのですが、岡野さんのところでできますか?」と、仕事が向こうからやってくるんだ。

自分だけができる技術があれば、黙っていても仕事が来るようになる。しかも俺が動か

6章 「人生の壁の乗り越え方」がわからないキミたちへ！

なければ他の誰にもできないんだから、自分の技術を安売りすることもない。こういう会社は、いくら小さくても下請けなんかじゃないよ。誇りを持って要領よく、大企業と対等な立場で商売することができるんだ。

Q39 Question

the most important thing for one's life

◎人生の役に立つ遊びって？

岡野さんは「人間、遊ばなくちゃだめだ」とくり返し言われていますが、人生の役に立つ遊びって、どんなことなんですか？　僕のいちばん好きな遊びは、岡野さんに怒鳴られそうではあるけれど、ゲームです……。

世渡り全般を教えてくれるそんな遊びが理想的だ

◎遊びから世の中の仕組みを学んだ

最近の若い人は、遊び方を知らないいんじゃないかってよく思うよ。遊びっていうのはね、ただ遊ぶだけじゃいけないいんだ。前にも書いたけど、俺は向島の生まれ。昔は隣に玉の井という遊郭《ゆうかく》があった。そんなところの隣に工場があって、まじめにやれっていうのが無理な話なんだ。六本木《ろっぽんぎ》やら歌舞伎町で仕事しているようなもんだからな。

そのころはテレビなんてなかったし、ラジオもそれほど普及していなかった。うちは親父がたまたまラジオを持っていたんだけれど、よっぽどの所得がある家でないとラジオなんて持っていなかったな。だから玉の井へ遊びに出かける。実はここは、いろいろなことを学べる絶好の場所だったんだ。

そこには漫才師とか絵描きとかがいっぱいたむろしていて、そういう人たちにマージャンやら将棋やら、いろいろなことを教わった。そこで世の中の仕組みを学んだようなものだ。

そんなわけで、**毎日家に帰ってくるのは真夜中の2時や3時。あきれたお袋は玄関の鍵を閉めて、俺を締め出したりもした。だけどすぐ横に電信柱があったから、それをよじ登って2階の部屋に入ることができたんだけどね。**

朝は6時30分に起きないとお袋がうるさいから、必ず早くに起きて、親父が工場へ来る前に掃除を済ませておいたよ。もちろん睡眠時間なんてほとんど取れない。だけどね、俺はそういう生活を10年続けていたんだ。そうすると、体内時計《たいないどけい》がそういうリズムを刻み始めちゃう。仕事だと思えば、睡眠時間が多少取れないのは屁《へ》でもないんだ。

だからいまだに、そんな時間にならないと眠れなくなって、朝は早く起きちゃうんだ。今は年をとったから、前より早起きしているくらいだ。休みの日はゆっくり寝ていたいと思うんだけど、眠れないんだよ。

◎ネットから人間関係は学べない

最近はインターネットとかゲームとか、たったひとりで遊べる玩具ばっかりが増えている。そういう時代だから、今の子どもはかわいそうだなって思うんだけど、そんなんじゃ、ネット上で通用する人間関係しか学べないだろう？　**現実社会で役に立つ処世術は、生身《なまみ》の人間関係から学ばないといけない！**

最近では仕事も遊びも理屈ばっかりいうやつがいるよな。目の前にあることを、面白がってこなせばいいのに、どうも頭でっかちになっていると俺は思う。理屈ばっかりこねて、食う前から「これは美味い」だの「これは不味い」だの言っているようなものだ。そんなこと言ってたら、食う気がうせるだろ？　仕事や遊びも一緒だよ。理屈でばっかり考えていると、やる気もうせて当然だ。

Q40 Question
the most important thing for one's life

◎儲け話はどんなところにあるんですか？

将来、確実にお金持ちになりたいです。儲け話っていうのは、どんなところで見つかるんですか？　今巷《ちまた》にはいろいろな「これをするだけで儲ける」という話が流れていますが、もちろんそんなものは信用していません。ただ、情報が氾濫しているせいで、本物がぜんぜん見えなくなっているな、もしくは本物はさらに隠れて出てこないなとは思います。儲けるには、どうしたらいいでしょうか？

みんなが行くところは儲からない
みんなが嫌がるところにこそ宝がある

◎流行を追わない

ひと昔前、みんな３Ｋはいやだって言っていたよね。きつい、汚い、危険な仕事ってやつだ。今もコンピュータだのＩＴだの、なんかわからねぇけどオシャレな仕事に人気が集まって、相変わらず３Ｋを避けているだろう。

だけど本当は、みんなが嫌がるところを探してみないと、儲からないんだ。**みんながワ**

ァッといくようなところは儲からない。それなのに、みんな3Kをよけて通ってばっかりいる。だからいいものが生まれない。つまらないものばっかり世の中にあふれちゃって、大切なことがどんどんおろそかになっていってしまうんだ。

バブルのときもそうだった。当時、日本中の景気がよかったから、プレス業界はあえて難しいことをしなくても、ものすごく儲かった。簡単なものを作ってさえいれば、ものすごい金額を稼ぐことができたんだ。今やっている簡単な仕事で充分過ぎるくらいに儲かるのなら、あえて難しいことするやつなんていないよな？

町工場の社長たちは「注文をこなすだけで精一杯だよ。稼ぎ時なんだから、開発なんかしている暇はない」と言いながら、次から次へと来る注文をこなしていった。札束《さつたば》がどんどん入ってくる現状に満足するあまり、技術を磨くことは二の次になってしまったんだ。

そんななか、岡野工業の業績はどうだったか想像つくか？ 日本中が沸きあがっているときに、俺の会社の業績はずっと変わらなかった。同業者も他の業者も、どんどん脚光を浴びている場所に集まっていったけど、俺のところは今までやってきたことを続けていただけだ。増えもしないし減りもしない。だって流行を追っていないんだから、そりゃ平行線を描くだろう。

バブルのころは、他の会社の売り上げはうちを追い抜いていったよ。それでも俺は信念を変え

なかった。「人と同じことをしていたらだめだ。人と違うことをしないと儲からないんだ」ってね。

バブルがはじけたとき、うちよりも業績のよかった会社は結構なダメージをくらったみたいだ。そうだよな、**今まであった量産の仕事は、コストの安いアジアの国々へ行っちゃったんだもん。誰でもできるものなんだから、わざわざ工賃が高い日本へ出すこともない。コスト削減という名のバブルのつけが、町工場を直撃したんだ。**

俺の会社はというと、グラフでいえば相変わらず横棒。バブルがはじけようがなんだろうが、ずっと前から必要とされているものだけつくって来たんだ。

◎儲かる仕事よりわくわくする仕事

高度経済成長の時代も、同じように日本中が浮かれていた。そんなとき、俺のところへステンレス製のライターケースを深絞りで作ってくれという依頼が舞い込んできた。

前にも話したとおり、深絞りは下町の地場産業。1枚の平らな板を、どこも溶接せずに筒状《つつじょう》にするという技術だ。例えば金属の板を金づちでたたいたらへこむだろう？　それと同じ原理だ。均等な圧力で何度も何度もプレスして、底の深い筒状に仕上げていく。

普通のライターケースなら、親父の時代から金型作りをしていた。だけど今回はステンレス製。30数年前の当時、ステンレスを深絞りする工場なんてほとんどなかった。理由はひとつ、難しいから。

ステンレスを絞るのは、確かに鉄系の金属を絞るのよりも難しい。だけど、やろうと思えばできる仕事だったんだ。それでも時代は高度成長。わざわざそんな失敗する可能性のあることをしなくても、充分儲かることができる。誰も手をつけようとはしなかった。

でも俺はわくわくしたね。だって、誰もやらない仕事ができるんだから。

簡単にはいかなかったさ。何度も何度も失敗し、やがて完璧なステンレスのケースを作る技術が確立した。

しかも、このときのステンレスケースの技術を活かすチャンスが後にやってくることになる。

◎失敗のノウハウが未来に生きてくる

最初のころの携帯電話って見たことあるかい？　やたら大きかっただろう。まるで弁当箱みたいなサイズだ。なぜ大きかったかというと、中にはいっている電池が大きかったからだ。やがてリチウムイオン電池が開発されて、携帯電話の小型化が進むと期待された。弁当箱サイズの携帯は携帯しづらくても、例えばポケットに入るサイズならみんな使いたがるだろう？

ただし、問題があった。電池のケースについてだ。

リチウムイオンのケースは、錆びないステンレスが理想的だとされてきた。しかも溶接すると継ぎ目から液漏《えきも》れする可能性があるので、継ぎ目のない、絞ったときにメッキが剥《は》がれないケースが求められた。だけど、そんな形のケースを作れる職人がなかなかいなかった。

ここで、俺は思った。「ステンレス製のライターケースを作る技術を応用することができるじゃないか」ってね。当時からさらにさかのぼって30年前の技術だが、親父から「流行は10年、20年の周期で繰り返されるから、技術に関するものは捨ててはだめだ」と言われてきたのを守って、金型や製品などすべてをとってあったんだ。開発担当者にライターケースを見せたところ「岡野さん、これです！　これが必要なんです！」と驚いていたよ。

かくして俺は、ステンレスのリチウムイオンケースを量産することに成功した。その結果、携帯電話普及の功労者のひとりに数えられ、「携帯電話を普及させたおじさん」としてマスコミに

も取り上げられることになった。

よく講演などで「未来はどうなると思いますか?」と質問されるんだけど、20年、30年後の日本は、正直いって予想もつかない。今の世の中を見ていると、日本から何もかもなくなっちゃうかもと、不安になったりもするよ。

だって、**誰だってラクなほうがいいもんな。ラクな道があるんだったら、そっちへ行きたくなっちゃうよ。でもそうやって、技術や知識を磨かないと、いざ時代が変わってみると、何もできなくなっちゃうぜ。**

バブルのころに努力しなかった同業者は、ステンレス加工から乗り遅れた。だから3Kだなんて嫌がったりするな。研究して、何度も失敗して身につけるノウハウこそが、未来に生きてくるのだから。

ステンレスのリチウムイオンケース。岡野工業を代表する技術のひとつ。

◎農業をやりたい！

自然のなかで働くのが大好きです。うちはサラリーマン一家なのですが、僕は将来は農業をやりたいと思っています。だけどいろいろ不安になるニュースも多くて、もともと反対している親の言うことに「そうなのかもなぁ」と同意しちゃいそうになります。ズバリ、農業に未来はありますか？

儲けるポイントを見極めれば農業ほどいい商売はないよ

◎目利きになろう

青森に1個1万円のりんごがある。普通りんごっていうのは、秋に収穫《しゅうかく》するだろう？　だけどその高級りんごは雪が降っても木に実をつけたままにして、中を全部甘くする。カラスに食べられないように、人間が下で見張っているんだ。そこまでして作ったりんごは、割ってみると蜜《みつ》ばっかりになる。どこを食べても、ものすごい旨《うま》さなんだ。

だけど、**そんな値段のりんご、いったい誰が買うんだって思うだろう？　実はそれが飛ぶよ**

うに売れて、どうやら今では1個2万円にまで値が上がったらしい。おれは青森に行ったときに食べさせてもらったけれど、半分しかもらえなかった（笑）。だけどものすごくいい味のりんごだったよ。びっくりするくらい。その値段を払うやつがいるのもわかるな。

　俺の朝飯はサツマイモだ。サツマイモなんて、若い人は馬鹿にするかもしれないが、これが栗みたいな味のするサツマイモなんだ。普通のサツマイモより、ホクホクで濃厚で甘くて、とにかく旨いんだ。普通のイモと、どこが違うかわかるか？　俺が買っているのは、3年前に収穫したサツマイモを低温で貯蔵したものなんだよ。そうすると旨みが増して、栗みたいなホクホクした味になる。考え

たもんだね。俺はいつもまとめて買っているが、どうやら注文が殺到《さっとう》しているらしくって、在庫が底を尽いたらしい。もうしばらくしたら、また3年経ったサツマイモが解禁になるらしいから、そうしたらまとめ買いするつもりだよ。

儲けるポイントがここにあるだろう。儲けたいのなら、ただサツマイモを作るだけじゃダメなんだ。いかにおいしいものを作るかを考えて、工夫しないと。そこが研究のしどころ、努力のしどころなんだ。3年前のサツマイモが取れたてよりもおいしくなるなんて、常識じゃ考えられないだろう？　そういうところに目をつけるんだ。

◎人のやらない商売を

日本には所得を持った人がいっぱいいる。そんな人たちが求めるものは売れるんだ。高い安いは関係ない。いいもの、美味いものさえ作れば、どんどん売れちゃう時代なんだよ。

他の商売だって同じだよ。新しく商売を始めるなら、どこもやっていないような目玉商品を持たないと。例えば居酒屋だったら、ほかでは飲めないような銘柄の酒を取り扱うとか。そうやって、自分の商売に付加価値をつけるんだ。大変なんかじゃない。人と違った店を作って、それが成功したらうれしいだろう。商売っていうのは、そういうものなんだ。

Q42 Question
the most important thing for one's life

◎頭はいいのですが、世渡りが下手

自分で言うのもなんですが、頭はいいと思う。中学・高校と常にトップ圏を走ってきたし、人に言うと「すごい」と言われる大学にも入った。だけど、僕は大人にはなぜか好かれません。ずっと好かれませんでした。彼らに言わせると、僕は子どもっぽさがないらしいです。今まではあまり気にも留めませんでしたが、就職するときの面接、そして就職してからの人間関係が少し心配です。

太鼓持ちになることを恥ずかしいと思っちゃだめだ

◎頭のいい人、利口な人の違い

前書きにも書いたけど、**俺の持論では、世の中には頭のいいやつと利口《りこう》なやつの2種類の人間がいる。**頭のいい人間にならなろうと思えば簡単だ。だって勉強だけしていればいいんだもんな。勉強さえしていれば、いい大学に入れるだろう。だけどそれだけじゃ利口な人間にはなれないんだよ。

利口な人間っていうのは、いってみれば世渡《よわた》りの上手な人間。社会に出てから本領を発揮する人間のことを言うんだ。

今の政治家や官僚は、頭はいいかも知れないけれど、世渡りの下手なのばっかりだ。勉強勉強でいい大学に入学して、世渡りのことなんか知る機会がなかったんだろうな。頭がいいだけの人はわからないんだよ。

極端なことを言うと、「人生、太鼓持《たいこも》ちになれるやつが成功する」。ちゃんとした技術を持って、太鼓持ちになれる人間がいいんだよ。技術っていっても、浅く広くだっていい。

◎ある金持ちからの教え

昔、終戦後の食うや食わずの時代、俺は同級生の親父で、金持ちの社長にスキーに連れて行ってもらった。今みたいに誰でもスキーができる時代じゃないんだよ。上野駅でスキーを担《かつ》いでいるのは、ほんの一握りの人間だけだったんだ。まだ車がなかった時代だから、夜行で行くんだ。1週間ほど滞在する予定なんだけど、同級生はなぜか着替えを持っていかない。不思議だなと思っていたら、その日の夜にわかった。

行きつけの旅館に着くと、地元の呉服屋が、反物《たんもの》をたくさん持ってやってくる。社長が子どもたちのために呼んだんだ。広間に反物を並べさせて、子どもたちに「お前ら、好きなのを選んでいいぞ」と言う。そしてとても楽しそうに着物を選ぶ息子たちを見て、その社長は、とても満足げにタバコを吸《す》っているんだ。

俺はそれを見て、すげぇな、こんな金持ちがいるんだ。いつか俺もこんなことやってみたいなと思ったよ。その人の人生を間近に見ることができる。そう、それが前にもいった「人生のメニュー」なんだ。

ところでどうして俺がスキーに連れて行ってもらえたかというと、簡単に言えば太鼓持ちだったからだ。「岡野、あいつは面白いから連れて行こう」ってことになったんだ。そうしてスキーに

湯沢一本杉のスキー場で。19才の頃。

行くと、普通なら経験できないことがたくさん経験できる。俺はそれを人生のメニューに加えていくんだ。それには芸人と同じで、呼ばれるような人間にならなくっちゃ。

話題を持っていて、情報を持っていて、面白い。そんな人間だから人から呼ばれるんだ。「あいつが来ても、景気が悪い顔ばっかりしているから」なんて避けられるようになったらおしまいだ。

それから10年ほどして、その社長に商売についての教えを伝授《でんじゅ》してもらったよ。

その社長に言われて、印象深かった言葉がある。

「岡野くん、ゲンコツで商売はできないんだよ。手を握っていたら何も入ってこない。お金は使ってこそ活きるものなんだから」

the most important thing for one's life Q43 Question

◎「オンリーワン」、自分というブランドになりたい！

人にできない仕事をするってかっこいいですよね。どのようにすれば、岡野さんみたいに自分をブランドにして「オンリーワン」になれるんでしょうか？　なにかコツとかあるんでしょうか？

失敗をしてはいけないという風潮が人から可能性を奪っている

◎どうして、俺の仕事を他の人はできないのか？

どうして誰もできない仕事が俺のところへ来るのか。それは俺なら作れるからだ。それならどうして他の人はできないんだろう。

いい大学を出て大会社で働いている、頭のいい人はいくらでもいる。だけど、彼らには作れない。だってね、人間は失敗を人よりたくさんして、初めて成功できるんだ。失敗は成功の元って昔の人は言ったけど、それは正しいと思う。何度も失敗して経験を積んで、そうして初めて成功を手に入れることができるんだ。

だってそうだろう？　どこからいちばん実用的なデータを取れるかって、失敗の中からに決まっている。それがヒントになって、ノウハウが増えてゆく。**そういう失敗を積み重ねてきたからこそ、うちみたいな小さな会社でも優良企業として生き残っていられるんだよな。**

だいいち、失敗しないのがいいって風潮《ふうちょう》が出来上がってしまっているね。エリートで失敗したら、出世コースから外されたりボーナスを減らされたりで、責任を取らされて終わりになっちゃうだろう？　世の中では道を一度も間違えずに勝ち組になるっていうのが、かっこいいことだと思われちゃってる。

下手にやってみて失敗して、責任をとらされて左遷《させん》されちゃうよりは、最初から「できません」と言って、自分の地位を守っていたほうが得だもんな。「できます」って自分だけ手を上げて周りより出っ張ると、損をしちゃうんだ。失敗すればノウハウが手に入って、何回もやり直せばできるようになるのに。会社だって、社員の失敗を認めてやらない。こうやって、どこへ仕事を持っていっても、できなくなっちゃうんだ。

◎ゼロからのスタート

俺たちはちがったよ。何度も何度も失敗して、人に騙《だま》されて、ごまかされ、いろんなことを経験してきたんだ。俺はオーナーだから、失敗したら俺が責任をとればいいんだもん。そこで終わらせてしまうから失敗になるんだ。**先へ進もうと思えば、失敗なんて成功へのひとつの過程だってことがわかる。**

今までにオシャカにしたものも数え切れないくらいあるさ。だけどそうやって失敗を重ねてゆくと、それはノウハウとなって、あるとき突然花開くんだ。そうなったらすごいぞ。今まで損した分くらい、軽くもとが取れるよ。

俺は昔、東京大空襲《とうきょうだいくうしゅう》（第二次世界大戦中、アメリカ軍により行われた東京に対する空襲（戦略爆撃）のうち、１９４５年3月10日と5月25日のものをさす。太平洋戦争に行われた空襲の中でも、とりわけ民間人に大きな被害を与えた）を経験した。**一夜にして町は焼け野原。すべて燃えつくされてしまった。だけど、俺はそこで学んだ。たとえ何もかも失ったゼロからのスタートだって、立て直していけるんだ。**

失敗することは悪いことじゃないんだ。全部経験として見れば、かけがえのない貴重なことなんだから。だけど、ひとつだけ注意がある。それは、失敗して騙されて、世の中に流されないことだ。最初自分が決めた道を突き進むんだ。そうすればその先に、成功が見えてくるだろう。

現在の岡野夫妻

結婚前の写真

岡野雅行　（おかの・まさゆき）

1933年（昭和8年）、東京・墨田区に生まれる。1945年（昭和20年）、向島更正国民学校を卒業後、家業の金型工場を手伝う。20歳ころから本格的に金型の技術を父親に教わり、30代になると量産のためのプラントを開発して売るようになる。1972年（昭和47年）に父親から家業を引き継ぎ、岡野工業株式会社を設立。従業員6人の東京都墨田区の町工場の代表社員を名乗る。以後、リチウムイオン電池のケースなど、従来の深絞りなどのプレス技術では不可能とされてきた金属加工を次々と実現させ、「世界的職人」「金型の魔術師」として、国内外を問わず大きな注目を集めている。

学校の勉強だけでは
メシは食えない！

●世界一の職人が教える「世渡り力」「仕事」「成功」の発想

2007年11月10日　初 版 発 行
2008年 8 月20日　第18刷 発 行

著 者　岡　野　雅　行
発行者　鵜　野　大

発行所　こ う 書 房

〒162-0805　東京都新宿区矢来町112　第2松下ビル
電話　03(3269)0581〈代表〉　FAX　03(3269)0399
e-mail　xla00660@nifty.ne.jp　url　http://www.kou-shobo.co.jp/

印刷所■プロスト　製本所■共栄社製本
Printed in Japan　定価はカバーに表示してあります。
ISBN978-4-7696-0956-8　C0095

こう書房ではあなたの原稿・企画をお待ちしています

〈原稿募集〉
　小社で発行する書籍の原稿をひろく募集いたします。あなたがお書きになった原稿の主旨とコンテ（目次だて）を簡単にまとめて下記住所までお送り下さい。

〈企画募集〉
　小社で発行する書籍の企画をひろく募集いたします。企画書の形にまとめお送り下さい。お送りいただく際、過去にあなたがお書きになった書籍・雑誌等の記事（コピー可）がございましたら、あわせてお送り下さい。

　応募原稿、応募企画の採用不採用のご返事は、約１～２週間後にお知らせいたします。なお、お送りくださった書類等はお返しできませんので、その旨あらかじめご了承下さい。

〈デザイナー募集〉
　小社で発行する書籍のカバーデザイン、本文で使用する図版のデザインをやっていただくデザイナー（個人・団体は問いません）を募集いたします。

〈ライター募集〉
　小社で発行する書籍を執筆するライター（個人・団体は問いません）を募集いたします。得意なジャンルと過去の実績（書籍、雑誌）をお知らせ下さい。

　デザイナー・ライターとも下記電話番号に連絡の上、あなたの作品をご持参下さい。

　なお、いずれの募集に関する詳しいお問い合わせも下記連絡先で受け付けております。

〒162-0805
東京都新宿区矢来町112第2松下ビル　こう書房　編集部
TEL03(3269)0435　FAX03(3269)0399